分析と対訳

開いた窓

サキ短編集

田中秀幸　訳・解説

八月舎

目　次

本書の英文分析に用いる略語と記号一覧 4

記号の解説 6

サキについて 20

The Open Window 23
　分析と解説 27
　「開いた窓」... 50

Louis 55
　分析と解説 61
　「ルイ」... 89

Sredni Vashtar 95
　分析と解説 101
　「スレドニ・ヴァシュター」...................... 128

The Story-Teller 134
　分析と解説 141
　「話上手」... 170

Laura 177
　分析と解説 183
　「ローラ」... 209

・本書の英文分析に用いる略語と記号一覧

略語	
S 主語 (subject)	文や節の主語。従属節中のものは小文字 s +'(ダッシュ)で表す。
V 述語 (verb)	文や節の述語動詞。本書では下線を引き、その下に V で表す。従属節中のものは小文字 v +' で表す。
/v' 準動詞 (verbal)	不定詞、動名詞、分詞。準動詞句で、準動詞が目的語や補語、修飾語を導くなど動詞の機能を持つときに、本書では下に破線を引き、その下に斜線 (/) 付きの小文字 v +' で表す。
C 補語 (complement)	文や節、準動詞句の補語。名詞、代名詞、形容詞。従属節、句中では小文字 c +' で表す。S=C（SVC型）、O=C あるいは OC に主述関係（SVOC 型）。
O 目的語 (object)	文や節、準動詞句の目的語。名詞と代名詞。従属節や準動詞句中のものは小文字 o +' で表す。「S は O を V する」の形。
(M 修飾語) (modifier)	形容詞と副詞。本書では使用せず、以下のように形容詞と副詞それぞれの略語をふる。
adj 形容詞 (adjective)	形容詞。名詞を修飾する語句。従属節や準動詞句中のものは ' を付加。叙述用法（補語になる形容詞）は C。
adv 副詞 (adverb)	副詞。名詞以外（動詞・形容詞・副詞・文全体や節）を修飾する語句。従属節や準動詞句中のものは ' を付加。
= 同格 (apposition)	隣接する語句が同じものを表す（同格）関係にある場合は＝（イコール）のみを、同格の関係にある語句が離れている場合には「=S」のように、同格の対象を指示する。
int 間投詞 (interjection)	さまざまな感情をあらわす語で、他の語からは独立的に用いられる。

記号	
「 」（上カッコ）	文の要素 S,C,O となる句（動詞の機能を持つ準動詞を含む句は除く）。（形容詞＋名詞などは通常まとめて「名詞句」として扱う）
⌊ ⌋（下カッコ）	文の要素 S,C,O となる、節、および動詞の機能を持つ準動詞句。（内部に述語・準動詞を問わず動詞を含むもので、修飾部分になるもの以外）
( )（カッコ）	修飾語 M(adj, adv) となる語・句（動詞の機能を持つ準動詞句を除く）。「形容詞＋名詞」の形の名詞句中の形容詞部分など、いちいちふると煩雑になる際は省略。
[ ]（角カッコ）	修飾語 M(adj, adv) となる、節、および動詞の機能を持つ準動詞句。（内部に述語・準動詞を問わず動詞を含むもので、文の要素になるもの以外）
＿＿（上線）	等位接続詞 and, but, or, nor, so, for の上にひく。
＿＿（下線）	本書では述語動詞、句動詞の下にひく。
┄┄（下破線）	準動詞句中で、動詞の機能を持つ準動詞の下にひく。
↰（矢印）	語句の修飾関係を指示。本書では主に関係代名詞節等、形容詞的な修飾関係を明示する際に用いる。

記号の解説

はじめに

　本書は英国の小説家 Saki (Hector Hugh Munro) の短編小説を題材に、英文読解の方法を詳述したものです。一作品ごとに「原文」「分析と解説」「和訳」の三つのパートに分けて検討を加えていきます。

　中心となる「分析と解説」篇では、略語と記号を用いて、英文をできるだけ詳細に分析していきます。分析方法は五文型を基本としていますが、これは、数多く存在する英語の文型論の中で、五文型は義務教育でも習う誰にでも馴染みのある考え方であることと、英文の型をたった五つに限定することに問題点や限界はあるにしても、「英文をなるべく速く正確に読み取る」という実際的な目的のためには、単純化によるわかりやすさのメリットのほうが大きいと判断したためです。

　分析に使用する略語は、主に五文型の判別のための文の要素（主語 S、述語 V、補語 C、目的語 O）と修飾語（形容詞的 adj、副詞的 adv）を表しています。

　分析に当たっては、英語の文章を、積み木のような、機能ごとにまとまったブロック状の構造の集合体ととらえて考えます。文の要素や修飾語になる語・節・句といったブロックが、五文型という基本の法則に従って配列されています。法則は文全体の配列だけでなく、節や句を構成する語の並びにまで深く浸透しています。それを示すために、文の要素となるブロックには上記の略語を大文字で示すとともに、ブロック内部の構造も小文字で記載しました。それぞれのブロックは他の部分から明確に区別し、まとまりと機能を明示するために、数種のカッコ類でくくってあります。

　また、文の構造を把握するために特に重要な品詞（動詞と準動詞、等位接続詞）には、線を引くなどして一見して他と識別しやすくしてあります。

　実用的であることを最優先とし、略語と記号の種類は最小限に抑え、実際に本を読みながら鉛筆片手に簡単に分析できる方法であるよう留意しました。実際に洋書を読む際には本書のように逐語的に分析して

いては時間がかかりすぎてしまいますが、すぐには読み取れない文が出てきた時に、こうして分析すれば有効であろうという方法を提示したものと捉えていただければと思います。また、英文を速く、正確に読み取れるようになるためには、英文を目で追いながら無意識のうちに、ここで示すような分析的なプロセスをふんで解釈できるようになることが大切です。習熟すればそれだけ読みこなせる英文の幅も広がりますし、速度も増します。

「分析と解説」では、原文に上述の略語や記号をふって分析したのち、特に言及の必要があると思われる部分のみを最小限解説し、続いて和訳を試みています。ここではなるべく原文の構造に即した、「直訳」に近いものにするよう心がけました。作品としてのまとまりや読みやすさに配慮してある程度形を整えた訳文は、それぞれの作品ごとに末尾に改めて掲載しています。

時制や態などの基本的な文法事項については、スペースの都合もあり説明を省いています。不明の際には、『英文法解説』(江川泰一郎 著:金子書房)や『ロイヤル英文法』(綿貫陽 著:旺文社)などの実用的な文法書や、お手持ちの辞書を参照してください。

続いて、本書で用いる略語と記号の使い方を解説します。

文の要素を示す略語

1. 主語と述語

・主語 (subject)
　略語 S を用いて示します。
　文の主題となる、「〜は」「〜が」にあたる部分です。**主語**になれるのは**名詞・代名詞**で、それを修飾する形容詞や代名詞、冠詞などが主部を構成します。
　名詞節などがひとかたまりで主語になる場合もあります。

・述語 (verb)

略語 V を用いて示します。

文の中で、事物の動作や状態を表す「〜する」「〜である」にあたる部分です。**動詞**がこれに相当しますが、否定・疑問の do や進行形・受動態の be、完了形の have、動詞に可能・義務などの意味を付加する法助動詞 (can, may, must, have to ...) といった助動詞群が加わって「述部」を形成することも多くあります。このような場合、中心となる本動詞のみを指して特に「**述語動詞**」と言うこともあります。述語動詞の下には下線を引きます。

主語と述語は、一つの文に一つしかないとは限りません。

a. 一つの文に主語・述語が一つしかない文を「**単文**」と言います。

The child moved (reluctantly) (to the window).
　S　　　V　　　　adv　　　　　　adv （子供はしぶしぶ窓のほうに移動した）

このような文を分析する場合、相当する語に略語 S, V をふります。修飾語はカッコでくくり、形容詞 adj か副詞 adv の別を示します。

b. 一つの文に、等位接続詞等で結ばれた主語・述語が二つ以上あるものを「**重文**」と言います。

It was「a hot afternoon」, and「the railway carriage」was
S1　V　　　　　C　　　　　　　　　　　　　　S2　　　　　　　V

(correspondingly) sultry.
　　adv　　　　　　　C　　（暑い午後で、列車の客室もそれ相応に蒸し暑かった）

このような文を分析する場合、相当する語に略語 S, V をふり、S に番号をつけ、動詞に下線、等位接続詞に上線を引きます。

複数の語が集まって一つの句になっているものは、上カッコ「」でくくります（動詞的要素の含まれないもの）。

c. 一つの文に主語・述語が二つ以上あり、一方がもう一方の文の要素になっていたり、従属接続詞等で結ばれて修飾したりと、文の中に文がある構造になっているものを「**複文**」と言います。

```
I don't think |poison would be「any good」|
S     V    O  s'         v'     c'
```
(毒がいくらかでも役に立つとは思わない)

このような文を分析する場合、主となる文（**主節**）の主語・述語に略語 S, V をふり、従属する文（**従属節**）の主語・述語には小文字で、加えて従属の階層を表すために'（ダッシュ）をつけた略語をふります。このような入れ子構造が重なった場合、そのつど'（ダッシュ）を増やします。

文の要素になる節および準動詞句は下カッコ | | でくくります。

d. 重文の中に複文を含む文を「**混文**」と言う場合があります。

```
「This reply」did not satisfy Kitty, and she decided |that「her mother」
  S1              V      O     S2   V     O        s'

did not want |to tell her「the truth」||.
   v'        o' /v"  io"    do"
```

（この答えはキティを満足させなかった、そして彼女は母親が本当のことを教えたくないのだと決め込んだ）

ここでは b,c での分析を同時に行います。

上の例では、等位接続詞 and で結ばれた重文の、後半の文（**等位節**）が複文で、目的語 O が従属接続詞 that に導かれた従属節になっています。（さらにこの従属節の目的語は to 不定詞に導かれた名詞句です）

e. 本書では、述語動詞だけでなく、動詞の機能を持つ**準動詞**（不定詞、分詞、動名詞）も動詞として v の記号をふります。準動詞は動詞が変形して名詞・形容詞・副詞の機能を持つものですが、同時に句を形成して目的語や補語を導くなど動詞としての働きも維持する場合が多くあります。そのような場合に動詞として扱いますが、文全体では必ず従属的な位置にあり、述語動詞ではないことから、記号は斜線付きの /v とし、更に主節に対する階層に応じて'（ダッシュ）をふります。また、準動詞の下には破線を引きます。

A cyclist [coming (along the road)] had to run into the hedge [to
　S ↰ adj /v'   adv'   V   O   adv
avoid「an imminent collision」].
/v'   o'

（道を走ってきた一台の自転車が、すんでのところで衝突を避けようとして、生垣に突っ込まなければならなかった）

　この文には二つの準動詞句が含まれています。現在分詞 coming は形容詞として主語の cyclist を修飾すると同時に動詞として副詞句を受け、不定詞 to avoid は副詞として句動詞 run into を修飾すると同時に動詞として目的語を受けています。

　一語の分詞形容詞など、準動詞が文中で動詞の機能を持たない場合には、この記号はふらないこともあります。

2. 目的語 (object)

　略語 O を用いて示します。

　文中で、動詞の動作の対象となる語です（「O を／O に（V する）」）。**目的語**になれるのは**名詞・代名詞（語・句・節）**です。

　動詞には、目的語がなくても文が成立する自動詞 vi と、目的語を必要とする他動詞 vt があります。

3. 補語 (complement)

　略語 C を用いて示します。

　主語または目的語が「どんなものか」「どんな状態にあるか」説明し、内容を補う語を補語と言います。S = C（SVC 型）あるいは O = C（SVOC 型）の関係が成り立ちます。補語になれるのは**名詞・代名詞・形容詞（語・句・節）**です（まれに副詞も）。

　以上の四つ（主語 S・述語 V・目的語 O・補語 C）を「**文の要素**」といいます。

4. 修飾語 (modifier)

　文の要素以外の、それらを修飾して意味を付加する語句を**修飾語**と

言います。修飾語になるのは**形容詞**（名詞を修飾）と**副詞**（名詞以外の品詞や文全体、節を修飾）です。

本書の分析では修飾語の略語 M は用いず、形容詞 adj、副詞 adv に分けて分析します。

句と節を表すカッコ類

1. 句 (phrase)

二つ以上の語が集まってひとつの品詞と同じ働きをし、その内部に「主語 + 述語」が含まれないものを**句**といいます。

文中での機能に応じ、**名詞句**（主語 S や補語 C、目的語 O になる）、**形容詞句**（補語 C や修飾語 adj になる）、**副詞句**（修飾語 adv になる）の三種類に分類されます。

この三種類の句は、文の要素 S, C, O になる句（名詞句と、補語 C になる叙述用法の形容詞句）と、修飾語になる句（副詞句 adv と、修飾語 adj になる限定用法の形容詞句）の二種類に分けられます。

さらに、句には大別して内部に準動詞が含まれるものと、含まれないもの（前置詞句など）があります。内容的に、準動詞が含まれる句は節に近く、含まれない句は語に近いという違いがあります。

本書では句を、文の要素になるものと修飾語になるもの、準動詞が含まれるか否かにより以下の四種に分けて、各々異なった記号をふります。

a. 上カッコ「 ⌉

文の要素 S, C, O となる句で、内部に準動詞を含まないものにふります。例えば「junior high school」とか「his very fat cat」のような、複数語が一つの文の要素になるのを分かりやすくまとめるためのものです。

b. 下カッコ ⌊ ⌋

文の要素 S, C, O となる句で、内部に準動詞（不定詞、分詞、動名詞）を含むものにふります。

```
I like [playing the piano]. [To play the piano] is 「a lot of fun」.
S  V     O  /v'      o'      S    /v'     o'     V      C
         名詞句(動名詞+目的語)    名詞句(不定詞+目的語)
```

文の要素 S, C, O となる**節**にもこのカッコを用います。

c. カッコ ( )

修飾語 M(adj, adv) となる、内部に準動詞を含まない**句と語**にふります（主に前置詞句と副詞 adv）。

```
Kitty lived (in a medium-sized house (with a big garden (around it))).
 S     V    adv                      adj               adj
```
（キティは大きな庭に囲まれた、中くらいの大きさの家に住んでいた）

d. 角カッコ [ ]

修飾語 M(adj, adv) となる句で、内部に準動詞（不定詞、分詞、動名詞）を含むものにふります。

```
[Wrapped (in bathrobes)], 「a few patients」 were sitting, [looking
adv /v'      adv'              S              V          adv /v'
副詞句(過去分詞の分詞構文)                                      副詞句
                                                      (現在分詞の分詞構文)
(aimlessly) (at the door)].
  adv'         adv'
```
（二、三人の患者がガウンにくるまれて、あてどなくドアのほうを見ながら座っていた）

修飾語 M(adj, adv) となる**節**にもこのカッコを用います。

2. 節 (clause)

二つ以上の語が集まってひとつの品詞と同じ働きをし、その内部に「主語＋述語」が含まれているものを**節**といいます。

節を文中での立場に応じて分類すると、**主節**（複文中で主要な部分となる節）、**従属節**（複文中で、主節に対して文の要素や修飾部分となる、従属的な節）、**等位節**（重文で、等位接続詞等で結ばれたそれぞれの節）の三種に分けられます。うち主節と等位節には記号をつけず、従属節にのみカッコをふります。（等位節の存在を示すために等位接

続詞には上線を引きます。従属接続詞に何もつけないのは、従属節にはカッコがふられるためです）

　従属節は句と同様に、文中での機能に応じ、**名詞節**（主語や補語、目的語になる）、**形容詞節**（補語や修飾語になる。関係詞節）、**副詞節**（修飾語になる）の三種類に分類されます。

　この三種類の節は、文の要素 S, C, O になる節（名詞節と、補語になる叙述用法の形容詞節）と、修飾語になる節（副詞節と、修飾語になる限定用法の形容詞節）の二つのグループに分けられます。前者は下カッコ ⌊ ⌋ で、後者は角カッコ [ ] を用いてくくります。

a. 下カッコ ⌊ ⌋

　文の要素 S, C, O となる節にこのカッコを用います。

　名詞節が主節の目的語になっている例。

　I couldn't figure out ⌊ where I was⌋.
　S　　　　　　V　　　　O　adv　s'　v'
　　　　　　　　　　　　　　（私は自分がどこにいるのかわからなかった）

　形容詞節（関係代名詞節）が主節の目的格補語になっている例。

　You must not leave the matter ⌊ as it is⌋.
　　S　　　　　V　　　　　O　　　C　c'　s'　v'
　　　　　　　　　　　　　　（君はそのことをそのままにしておいてはいけない）

b. 角カッコ [ ]

　修飾語 M(adj, adv) となる節にこのカッコを用います。

　形容詞節（関係代名詞節）が修飾語になっている例。

　I know the man [who painted this picture].
　S V　　O　　　adj s'　　v'　　　　o'
　　　　　　　　　　　　　　（私はこの絵を描いた人を知っている）

　副詞節が修飾語になっている例。

　「Her name」was Kitty [because (some day) she was going to grow
　　　S　　　　V　　C　adv　　　adv'　　　s'　　　　　v'
up (into a cat)].
　　adv'　　（いつか成長して猫になるから、彼女はキティという名前だったのだ）

13

五文型

　以上に述べてきたような考え方と方法で、英文の構造を分析できたら、本題である内容の解釈をおこないます（実際には分析と解釈は相補うもので、同時に進行するものですが）。その際に、最も簡易で有効な定型となるのが**五文型**です。

　「文の要素を示す略語」のなかで既に**文の要素**（主語 S、述語 V、補語 C、目的語 O）について説明していますので、ここでは五文型の種類と、解釈の定型について簡単にまとめます。

　なお、分析の際に文型の判別に迷った場合には、英和辞書でその文の述語動詞を調べます。その動詞の取る文型が明記されている場合もありますし、なくても自動詞、他動詞の別やそれぞれの場合の訳語が載っていますから、そこから文型も推測することができます。五文型とは動詞の種類別の用法に他なりません。なのでここではそれぞれの文型を導く動詞の種類についても簡単に補記します。

1. SV 型（第一文型）

　He smiled.　（彼は微笑んだ）
　 S 　 V

　この型の文は基本的に「S は V する」と解釈します。

　最も単純な形の文型ですが、この型の文は SV のみで成立するのは稀で、たいてい修飾語が付属します。

　He lives (in Tokyo).　（彼は東京に住んでいる）
　 S 　V 　 adv

　こちらは主語、述語に副詞句が続く頻出の文例ですが、この文では修飾部分のはずの in Tokyo が実質的に文の中心になっています。この副詞句がなければ文は成立しませんが、五文型の枠の中ではあくまでも要素外の扱いとなります（このような不可欠の副詞要素を文の要素とみて新たな文型を適用するもの（七文型）もあります）。

　There is a cat (under the table).　（テーブルの下に猫がいる）
　　　　 V 　 S 　　 adv

　これはいわゆる there 構文で、文頭の there は副詞であり主語の形式

上の代替物と見ます。これも SV 型です。

　SV 型の文は目的語を伴っていません。目的語を伴わない動詞を「自動詞」といいます。また、補語も必要としません。補語を必要としない動詞を「完全動詞」といいます。よって、この型の文の動詞は「**完全自動詞**」です。

2. SVC 型（第二文型）

　I am a cat.　（我輩は猫である）
　S V　C

この型の文は基本的に「S は C である」と解釈します。

　C は主語を説明し、補う語句で**補語** (complement) といいます。「S = C」の構造が成り立ちます。

　上の例では名詞が補語ですが、形容詞も同様に補語となります。

　She looks young.　（彼女は若く見える）
　The cat is「in good health」.　（その猫は健康だ）
　　S　V　C（形容詞句）

このように、前置詞に導かれた形容詞句が補語になることもあります。これは、

　The cat is (on the wall).　（その猫は塀の上にいる）
　　S　 V　adv　　　　　　　　　　　　　　（SV 型）

と形は似ていますが、SVC 型のほうは in good health を形容詞 healthy に言い換え可能です。また、訳す場合 SVC 型は be 動詞が「である (=)」、SV 型では「いる」となることも判別のポイントとなります。

「S = C」構造のうち、be や become, look、知覚動詞 feel, taste, smell などが「=」にあたる主な動詞です。

　This flower smells sweet.　（この花は甘い匂いがする）
　　S　　　　V　　　C

V に be 動詞が来たときに「S = C」の構造を把握するのは容易ですが、そうでない場合は慣れないと些か迷うこともあります。そのような時は、動詞を be 動詞に置き換えてみて、意味が通じればその文は SVC 型とみることができます。

This flower is sweet.　　先の文をbe動詞で置き換えた例。
　The dog came running.　（その犬は走ってきた）
→　The dog was running.

現在分詞 running が補語に来る例です。be 動詞に置き換えることで進行形の SV 型になります。（完全自動詞に導かれるこのような形の補語を「準補語」と称することもあります）

　SVC 型の文は目的語を伴わない「自動詞」です。また、補語がなければ文が成り立ちません。補語を必要とする動詞を「不完全動詞」といいます。よって、この型の文の動詞は「**不完全自動詞**」です。

3. SVO 型（第三文型）

　I cleaned my room.　（私は部屋を掃除した）
　S　　V　　　O

　この型の文は基本的に「S は O を V する」と解釈します。

　O は主語の行為の目的となる語句で**目的語** (object) といいます。目的語になるのは名詞と代名詞です。この型は英文で最も使用される頻度の高いものです。

　He convinced me (of his innocence).
　S　　V　　　O　　adv　　　　　　（彼はわたしに彼の無実を確信させた）

　このような SVO + 前置詞句の形の文は「O を」にならない場合が多いので注意が必要です。前置詞に導かれるのが副詞句なので文法的には修飾語になりますが、捉え方としては後述の SVOO 型に近い例です。

　SVO 型の文は目的語を伴います。目的語を伴う動詞を「他動詞」といいます。また、補語を必要としない「完全動詞」です。よって、この型の文の動詞は「**完全他動詞**」です。

4. SVOO 型（第四文型）

　He gave me a watch.　（彼は私に時計をくれた）
　S　　V　　iO　dO

　この型の文は基本的に「S は iO に dO を V する」と解釈します。

「S は相手に物を V する」という形で、必ず先に「相手に」、後に「物を」が来ます。「相手に」を**間接目的語** (indirect object) といい、略語 iO で表します。「物を」は**直接目的語** (direct object) といい、略語 dO で表します。

　He convinced me [that he was innocent].
　S　　V　　 iO　dO　　　　（彼はわたしに彼が無実であることを確信させた）

先ほどの、SVO 型の例文 He convinced me of his innocence. とほぼ同じ意味の文です。意味は同じですが「彼が無実であること」のくだりが SVO 型では前置詞句で副詞の修飾語、SVOO 型では従属接続詞 that に導かれた名詞節で直接目的語 dO となっています。

　Can I ask you a favor?　（お願いがあるのですが）
　　　S V　iO　dO

　Smoking will do you「more harm」(than good).
　　S　　　　V　iO　　dO　　　　adv
　　　　　　　　　　　　　　　　（喫煙はあなたに益よりも害を与えるだろう）

SVOO 型の文の動詞は SVO 型と同じく完全他動詞ですが、「誰かになにかを（して）あげる」という意味を持つため、「**授与動詞**」ともいいます。

5. SVOC 型（第五文型）

　She kept「her room」clean.　（彼女は部屋をきれいに保った）
　　S　V　　　O　　　　C

この型の文は基本的に「S は O を C であると V する」と解釈します。ここでの C は目的語 O を説明し補う語句で**目的格補語**といいます。「O = C」の構造が成り立ちます。

　We regard him「as our leader」.
　S　　V　　O　　　　C　　　　（私たちは彼を私たちのリーダーと見なしている）

副詞句が補語になる特殊な例ですが、頻出の言いまわしです。前置詞 as はなくても意味はほぼ変わりません。

このように「O = C」の構造が成り立つものが SVOC 型ですが、一見してこの構造がわかりにくい形もあります。補語が名詞か形容詞の

場合は明快なイコール関係になるのであまり問題ありませんが、Cに準動詞類が来る場合です。この場合には、OとCに明快なイコールの関係は認められなくとも、間にbe動詞を補うことでSVC、あるいは主語・述語の関係が成り立つものがあります。

SVO型に不定詞が続く場合は、Oと不定詞との間にbe動詞を補ってやることでSVCの関係が成り立つものがあります。

I expect my daughter to come home by 10 pm .
（私は娘に午後10時までには帰宅してほしいと思っている）

→ My daughter is [to come home by 10 pm].
　　S　　　　　V　C　（私の娘は午後10時までに帰宅することになっている）

I want you to be more careful.　（君にはもっと用心深くあってほしい）

→ You are [to be more careful].　（君はもっと用心深くあるべきだ）
　　S　V　C

to不定詞が目的格補語Cの例です。OとCとの間にbe動詞を補うことで、新たにSVC型の文が出現します。

なお、こうしてできる「be to不定詞」の形は、「予定（〜することになっている）・義務（〜すべきである）・可能（〜できる）」などの意味を持ち、be toが助動詞に近い働きをする構文です。

I saw butterflies fluttering (all around the field).
S V　　O　　　　　　C　　　　　　　　adv（私は蝶が野原一面羽ばたいているのを見た）

I kept the window closed.
S V　　　O　　　　C　（私は窓を閉めたままにしておいた）

分詞が目的格補語Cの例です。分詞はbe動詞を補うことで進行形や受動態の主述関係になります。

なお、目的語の後に準動詞が来たからといってSVOC型になるとは限りません。述語の後に名詞が来たとき、それが補語になるか目的語になるかは動詞と文脈次第であるのと同様、こちらも動詞の種類と前後の文脈から文型と意味を類推することになります。

The man promised me [to keep the secret].
　S　　　　V　　iO　dO　　　　　　（男は私に秘密を守ると約束した）

SVO に続く準動詞句が直接目的語となる SVOO 型の例です。「秘密を守る」のは私ではなく the man の方です。二つの目的語はどちらも動詞にかかっており、イコール関係も、主述関係もありません。

　SVOC 型の文の動詞は目的語を伴う「他動詞」です。また、補語を必要とする「不完全動詞」でもあります。よって、この型の文の動詞は「**不完全他動詞**」です。

　以上が基本的な五文型の形となります。

　見てきたように、五文型にはそれぞれ、解釈（日本語への置き換え）の公式的な枠組みがあります。英文に当たる際、そのパターンを瞬時に適用できれば、読み取りは非常に効率化されます。

　また、一つの文章に文型は一つとは限りません。むしろ一つの文型のみで完結している文のほうが少数でしょう。というのも、文型は文章単位ではなく、動詞単位で成立するからです。述語動詞、準動詞を問わず、動詞のあるところには、それを中心とした文型が存在すると考えると分かりやすいと思います。

　一つの文の中にそれぞれ文型を持つ複数のブロックが組み込まれているのが英文の常態です。それを、複文、重文の構造や準動詞の機能などを手がかりに、それぞれのブロックを並べたり、階層化したりして解釈することになります。本書では重文には主語に番号を振ったり、階層構造は記号に'（ダッシュ）を振って示しました。

熟語・構文について

　以上に説明した分析法では、慣用表現的な熟語や構文については言及しにくいものもありますので、解説で別に適宜取り上げています。こうしたものは五文型を基本とした分析法で解釈できるものもありますが、できないものもあります。単語と同じく「暗記」が求められるのはこうした慣用表現的な言いまわしです。

　なお、様々な構文に関しては、網羅的な参考書として『総合英文読解ゼミ』（山口俊治 著 : 語学春秋社）が優れています。

サキについて

　サキは本名をヘクター・ヒュー・マンロー (Hector Hugh Munro) といい、1870 年 12 月 18 日、イギリス統治下のビルマ（現ミャンマー）北西の町アキャブに生まれました。祖父は陸軍大佐、父親も軍人でビルマ警察に勤務する士官で、母親は海軍大将の娘という軍人の一家でしたが、文人の気質もある家系らしく、母方の従兄弟には小説家ドーンフォード・イエーツがいます。兄、姉に次ぐ三人目の子供でした。1972 年、四人目の子供を妊娠して英国に里帰り中だった母メアリが、逃げ出した牛に襲われ流産、その後亡くなるという事件が起きます。それを機にヘクターら三人の子供は帰国、イングランド南西部のデヴォン州ピルトンに住む父方の祖母に預けられ、同居する二人の独身の叔母に育てられることになります。

　幼くして両親と別れ、トムとオーガスタという二人の叔母と送った幼少期の生活が、性格形成のみならず、後のサキの作品にも大きな影響を及ぼしています。サキの姉エセルによれば、二人の叔母はお互いに仲が悪く、トムのほうは女傑タイプの変わり者で、オーガスタは「スレドニ・ヴァシュター」や「がらくた部屋」に登場する過干渉で意地の悪い保護者そのままであったといいます。そのような叔母たちに厳しく躾けられながら、一方では豊かな自然と周囲の動物たちに慰めと楽しみを見出しつつ、ヘクターは夢想的で孤独な少年に成長します。

　12 歳頃まで家庭教師について学んだ後、デヴォン州エクスマスのペンカーウィック校、のちにロンドン近郊のベドフォード校に入学するも後に退学しています。そうこうするうちにビルマ警察を退職した父が帰国、姉のエセルとヘクターを伴いヨーロッパ漫遊の旅に出ます。この旅は数年間続き、結局ヘクターの教育は道中の家庭教師による指導と、旅の見聞によって養われることとなりました。

　1893 年、父の紹介でビルマ警察に職を得、ビルマに赴任しましたが、風土が合わず、二年後にはマラリアに罹るなどしたために離職、イギリスに戻ります。帰国後はジャーナリストを志し、ギボンの『ローマ帝国衰亡史』に倣った『ロシア帝国の勃興』(The Rise of the Russian

Empire) を 1900 年に、次いで『ウェストミンスター・ガゼット』『デイリー・エクスプレス』『モーニング・ポスト』紙などに寄稿する傍ら、当時の政界を風刺した『不思議の国のアリス』のパロディ作品『ウェストミンスターのアリス』(The Westminster Alice) を 1902 年に出版、人気を得ます。ここで初めてサキというペンネームを用いました。その後 1902 年から 08 年まで、『モーニング・ポスト』紙の特派員としてバルカン諸国やロシアなどを取材する傍ら(その間 1905 年には革命への引き金となったロシア、サンクトペテルブルクにおける「血の日曜日事件」に遭遇したりもしています)、辛辣でユーモラスな短編小説を次々に発表し、作家としても名声を得ることとなります。

その後独身のままロンドンに住み執筆活動に勤しんでいましたが、1914 年に第一次世界大戦が始まると、当時すでに 43 歳と徴兵の上限年齢を過ぎていたにもかかわらず、兵卒として志願し、フランス戦線に送られます。そして 1916 年 11 月 14 日の未明、ボーモンハメルの最前線の塹壕で、傍らの戦友が煙草に火をつけたのを敵に居場所が知られるととがめた際に、ドイツ兵に狙撃され命を落としました。「そのいまいましい煙草を消してくれ!」("Put that bloody cigarette out!") が最後の言葉であったといいます。46 年の生涯でした。

サキは生前に四冊の短編集『レジナルド』(Reginald) (1904)、『ロシアのレジナルド』(Reginald in Russia) (1910)、『クローヴィス年代記』(The Chronicles of Clovis) (1911)、『獣と超獣』(Beasts and Super-Beasts) (1914)、および二作の長編小説－自伝的要素の強い『鼻持ちならないバシントン』(The Unbearable Bassington) (1912) と、ドイツに支配されたイギリスの生活を描いた(当時の)近未来小説『ウィリアムが来たとき』(When William Came) (1913)－を刊行しています。

また、没後には未刊行の短編を集めた二冊『平和的玩具』(The Toys of Peace and Other Papers) (1919)、『四角い卵』(The Square Egg and Other Sketches) (1924) が刊行されています。

本書にはサキの代表作と目される傑作三編と、やや地味な存在ながら、今の目で見ても興味深く楽しめる、傾向の異なる二作品の、計五編を収録しました。

'The Open Window'『開いた窓』　　『獣と超獣』(Beasts and Super-Beasts) (1914) 所収
　サキの代表作の一つで、高校の教科書に掲載されていたこともありサキといえばこれを連想する読者も多いのでは。数あるサキの作品中でもことのほか短く、文章も平易なので親しみやすい作品ですが、完成度は高く、神経症患者の心の動きを活写して一種心理小説の趣があります。怪奇小説と受け取られることも多い作品ですが、その実ここには怪異の影もありません。

'Louis'『ルイ』　　　　『平和的玩具』(The Toys of Peace and Other Papers) (1919) 所収
　サキの特徴の一つであるブラック・ユーモアが前面に出た作品。短くすぐ読めることもあり翻訳で接すると他愛なさ過ぎて拍子抜けするかもしれませんが、原文で読むと結末は十分に衝撃的（？）です。訳者は一読爆笑し、以来お気に入りの一編です。ぜひ原文で「熟読」してみてください。

'Sredni Vashtar'『スレドニ・ヴァシュター』
　　　　　　　　　　　　　『クローヴィス年代記』(The Chronicles of Clovis) (1911) 所収
　サキには珍しくシリアスな筆致と、リアリズムと幻想の絶妙なバランスによって、代表作の一つであるにとどまらず、およそ幻想小説の一方の極とでも形容し得るような傑作です。サキの「怪異」譚に共通することですが、ここでも虚実は最後まで曖昧にぼかされており、主人公の内的世界と作中の現実との「誤差」が割り切れない余韻となって心に残ります。私小説的な迫真性も面白い。

'The Story-Teller'『話上手』　　　『獣と超獣』(Beasts and Super-Beasts) (1914) 所収
　これもサキの選集には大抵収録される名品で、ブラック・ユーモア味の勝った一編です。比較的他愛のないお話ですが、生き生きした子供たちの描写と、退屈な挿話や現実をパロディ化するサキの実際の創作技法の一端を覗き見るような語り口の面白さで、一読忘れられない印象を残す作品です。

'Laura'『ローラ』　　　　　　『獣と超獣』(Beasts and Super-Beasts) (1914) 所収
　陰惨と形容できそうなほど怪奇味の強い一編ですが、ユーモアが全体の調子を和らげています。輪廻転生の真偽、ローラのそもそもの強い敵意（というよりむしろ、会話から窺える他の登場人物のローラへの徹底的な無関心）など、謎の多い作品ですが、訳者にはこの作品は『スレドニ・ヴァシュター』の男女、生死が反転された再話のように思われてなりません。

The Open Window

[1] "My aunt will be down presently, Mr. Nuttel," said a very self-possessed young lady of fifteen; "in the meantime you must try and put up with me."

[2] Framton Nuttel endeavoured to say the correct something which should duly flatter the niece of the moment without unduly discounting the aunt that was to come. Privately he doubted more than ever whether these formal visits on a succession of total strangers would do much towards helping the nerve cure which he was supposed to be undergoing.

[3] "I know how it will be," his sister had said when he was preparing to migrate to this rural retreat; "you will bury yourself down there and not speak to a living soul, and your nerves will be worse than ever from moping. I shall just give you letters of introduction to all the people I know there. Some of them, as far as I can remember, were quite nice."

[4] Framton wondered whether Mrs. Sappleton, the lady to whom he was presenting one of the letters of introduction, came into the nice division.

[5] "Do you know many of the people round here?" asked the niece, when she judged that they had had sufficient silent communion.

[6] "Hardly a soul," said Framton. "My sister was staying here, at the rectory, you know, some four years ago, and she gave me letters of introduction to some of the people here."

[7] He made the last statement in a tone of distinct regret.

[8] "Then you know practically nothing about my aunt?" pursued the self-possessed young lady.

9   "Only her name and address," admitted the caller. He was wondering whether Mrs. Sappleton was in the married or widowed state. An undefinable something about the room seemed to suggest masculine habitation.

10   "Her great tragedy happened just three years ago," said the child; "that would be since your sister's time."

11   "Her tragedy?" asked Framton; somehow in this restful country spot tragedies seemed out of place.

12   "You may wonder why we keep that window wide open on an October afternoon," said the niece, indicating a large French window that opened on to a lawn.

13   "It is quite warm for the time of the year," said Framton; "but has that window got anything to do with the tragedy?"

14   "Out through that window, three years ago to a day, her husband and her two young brothers went off for their day's shooting. They never came back. In crossing the moor to their favourite snipe-shooting ground they were all three engulfed in a treacherous piece of bog. It had been that dreadful wet summer, you know, and places that were safe in other years gave way suddenly without warning. Their bodies were never recovered. That was the dreadful part of it." Here the child's voice lost its self-possessed note and became falteringly human.

15   "Poor aunt always thinks that they will come back some day, they and the little brown spaniel that was lost with them, and walk in at that window just as they used to do. That is why the window is kept open every evening till it is quite dusk. Poor dear aunt, she has often told me how they went out, her husband with his white waterproof coat over his arm, and Ronnie, her youngest brother, singing 'Bertie, why do you bound?' as he always did to tease her, because she said it got on her nerves. Do you know, sometimes on still, quiet evenings like this, I almost get a creepy feeling that they

will all walk in through that window —"

¹⁶ She broke off with a little shudder. It was a relief to Framton when the aunt bustled into the room with a whirl of apologies for being late in making her appearance.

¹⁷ "I hope Vera has been amusing you?" she said.

¹⁸ "She has been very interesting," said Framton.

¹⁹ "I hope you don't mind the open window," said Mrs. Sappleton briskly; "my husband and brothers will be home directly from shooting, and they always come in this way. They've been out for snipe in the marshes today, so they'll make a fine mess over my poor carpets. So like you men-folk, isn't it?"

²⁰ She rattled on cheerfully about the shooting and the scarcity of birds, and the prospects for duck in the winter. To Framton it was all purely horrible. He made a desperate but only partially successful effort to turn the talk on to a less ghastly topic; he was conscious that his hostess was giving him only a fragment of her attention, and her eyes were constantly straying past him to the open window and the lawn beyond. It was certainly an unfortunate coincidence that he should have paid his visit on this tragic anniversary.

²¹ "The doctors agree in ordering me complete rest, an absence of mental excitement, and avoidance of anything in the nature of violent physical exercise," announced Framton, who laboured under the tolerably widespread delusion that total strangers and chance acquaintances are hungry for the least detail of one's ailments and infirmities, their cause and cure. "On the matter of diet they are not so much in agreement," he continued.

²² "No?" said Mrs. Sappleton, in a voice which only replaced a yawn at the last moment. Then she suddenly brightened into alert attention — but not to what Framton was saying.

²³ "Here they are at last!" she cried. "Just in time for tea, and don't

they look as if they were muddy up to the eyes!"

24 Framton shivered slightly and turned towards the niece with a look intended to convey sympathetic comprehension. The child was staring out through the open window with dazed horror in her eyes. In a chill shock of nameless fear Framton swung round in his seat and looked in the same direction.

25 In the deepening twilight three figures were walking across the lawn towards the window; they all carried guns under their arms, and one of them was additionally burdened with a white coat hung over his shoulders. A tired brown spaniel kept close at their heels. Noiselessly they neared the house, and then a hoarse young voice chanted out of the dusk: "I said, Bertie, why do you bound?"

26 Framton grabbed wildly at his stick and hat; the hall-door, the gravel-drive, and the front gate were dimly-noted stages in his headlong retreat. A cyclist coming along the road had to run into the hedge to avoid an imminent collision.

27 "Here we are, my dear," said the bearer of the white mackintosh, coming in through the window; "fairly muddy, but most of it's dry. Who was that who bolted out as we came up?"

28 "A most extraordinary man, a Mr. Nuttel," said Mrs. Sappleton; "could only talk about his illnesses, and dashed off without a word of good-bye or apology when you arrived. One would think he had seen a ghost."

29 "I expect it was the spaniel," said the niece calmly; "he told me he had a horror of dogs. He was once hunted into a cemetery somewhere on the banks of the Ganges by a pack of pariah dogs, and had to spend the night in a newly dug grave with the creatures snarling and grinning and foaming just above him. Enough to make anyone lose their nerve."

30 Romance at short notice was her speciality.

The Open Window 分析と解説

1

⌊"⌈My aunt⌉ will be down (presently), Mr. Nuttel,"⌋ said ⌈a very
　　O1　　 s'　　　 v'　 c'　　adv'　　　　　　　　　　　V
self-possessed young lady (of fifteen)⌉; ⌊"(in the meantime) you must
　　　　　　　　　　　　　　　　S　adj　　O2　adv'　　　　　　 s'
try and put up with me."⌋
v'1　　 v'2　　 o'

　・self-possessed *(adj)* 冷静な　・meantime *(n)* 合い間　・put up with [句動 *vi*] 我慢する

解説

l.1: down は副詞が補語として（形容詞的に）働いている用法。

l.3: try and put up with me の and は come and see me「私に会いに来て」などと同様の用法で、to と置き換えられます。直訳では「私に我慢してみてください」→「私におつきあいください」

試訳

「伯母はじきに降りてまいります、ナトル様」とても落ち着いた、15 歳の若い女性が言った。「それまでの間、わたくしにおつきあいくださいね」

2

⌈Framton Nuttel⌉ endeavoured [to say ⌈the correct something⌉ [which
　　S　　　　　　　　V　　　 adv /v'　　　o'　　　　　adj' s"
should (duly) flatter ⌈the niece (of the moment)⌉ [without (unduly)
　adv"　　　 v"　　　　o"　　　adj"　　　　　　 adv"　　adv'"
discounting the aunt [that was ⌊to come⌋]]]]. (Privately) he doubted
　/v'"　　　 o'" adj'" s""　v""　　 c""　　　 adv　　　 S　 V
(more than ever)⌊whether ⌈these formal visits (on a succession (of
　adv　　　　　　　 O　　　　　　　　s'　　adj'　　　　　 adj'
total strangers))⌉ would do (much) [towards helping ⌈the nerve cure⌉
　　　　　　　　　　 v' adv'　　adv'　　　/v"　　　o"

27

[which he was supposed [to be undergoing]]].
adj'''' o'''' s''' v''' c''' /v''''

- endeavour *(vi)* 努力する、試みる ・duly *(adv)* 適切に ・flatter *(vt)* お世辞を言う
- unduly *(adv)* 過度に、不当に ・discount *(vt)* 割り引く、軽視する ・succession *(n)* 連続

解説

l.3: that was to come の was to は予定「〜することになっている」の意。be to は助動詞的に働き、予定・義務・可能などの意を表します。

l.4: more than ever は熟語で、「ますます、これまで以上に」の意。

l.4: whether these formal visits on a succession of total strangers would do much... は SVO 型の文の目的語 O に当たる名詞節で、these formal visits が節の主語、would do が述語です。will do は熟語的に「役に立つ」といった意味。節の主語を修飾する on a succession of total strangers は直訳すれば「まったく見知らぬ人々の連なりへの」→「まったく見知らぬ人々へのつづけざまの（儀礼的な訪問）」

試訳

フラムトン・ナトルは、これから来る予定の伯母をあまりにも軽んじることなしに、いま向かい合っている姪のご機嫌を十分とれるような、なにかその場にふさわしいことをつとめて言おうとした。いっぽう内心では、これらの、まったく見知らぬ人々へのつづけざまの儀礼的な訪問が、彼が受けているはずの神経の治療のために、はたして大いに役立つのかどうか、これまで以上に疑っていた。

3

⌊"I know [how it will be],"⌋ 「his sister」 had said [when he was
O1 s' v' o' s'' v''   S   V   adv s'

preparing [to migrate (to this rural retreat)]]; ⌊"you will bury yourself
v' o' /v'' adv''   O2 s1 v'1 o'

(down) (there) and not speak (to a living soul), and 「your nerves」
adv' adv' v'2 adv'   s'2

will be worse (than ever) (from moping).⌋ I shall (just) give you 「letters
v' c' adv' adv'   S adv V iO dO

(of introduction) (to all the people [I know (there)])]. 「Some (of
them)], [as far as I can remember], were (quite) nice."

・migrate (vt) 移住する　・retreat (n) 静養地　・moping (n) ふさぎこむこと

解説

l.1: 回想シーンです。述語が過去完了形なのを見逃さないこと。

l.3: a living soul は「生きている魂」で、人間のこと。not a living soul という形で nobody を言い換える慣用表現もあります。

l.4: than ever は比較級構文における熟語的表現。than ever before とも。「今までよりも、ますます、かつてないほど」といった意味。

l.6: as far as は制限の副詞節を導く従属接続詞「～の限り(では)」。

試訳

「どんなことになるか私には分かってるわ」彼がこの田舎の静養地へ引っ越す準備をしていた時、彼の姉は言ったものだ。「あなたはそこですっかり引きこもってしまって、誰とも話をしなくなる。そしてふさぎこんでしまって、神経の具合も今までより悪くなるに違いないんだわ。今すぐあなたに、私があそこで知っている人全員にあてた紹介状を書いてあげる。そのうち何人かは、思い出せる限りではとてもいい人だったわよ」

4

Framton wondered |whether 「Mrs. Sappleton」, (the lady [(to whom) he was presenting 「one (of the letters (of introduction))」]), came (into the nice division).

解説

l.3: the nice division の division は辞書には「分割、部分、相違」などとあり解釈しづらい部分です。手がかりは定冠詞 the で、the

は既出の、特定された事物に冠せられるのが決まりです。そこで以前の文を見ると、先の段落で姉が"Some of them, as far as I can remember, were quite nice."と言っています。つまり the nice division とは、姉の知人のうちの「いい方の部類の人々」を指していることが分かります。

試訳

　フラムトンは、彼が紹介状を手渡そうとしている相手のご婦人、サプルトン夫人が、そのいい人たちの部類に属しているだろうかと思った。

5

⌊"Do you know ｢many (of the people (round here))｣?"⌋ asked the
O　　　s'　v'　　o'　　adj'　　　　　adj'　　　　　　　V

niece, [when she judged ⌊that they had had ｢sufficient silent
S　　adv　　s'　　v'　　o'　　s''　v''　　o''

communion｣⌋].

・sufficient *(adj)* 十分な　・communion *(n)* 交流、親交

解説

l.2: they had had sufficient silent communion. の直訳は「かれらがもう十分に静かな交流をもってしまった」

試訳

「あなたはこのあたりの人たちをたくさんご存知でいらして？」だんまりにおつきあいするのもそろそろ十分な頃合いだと判断して、姪は訊ねてきた。

6

⌊"(Hardly) a soul,"⌋ said Framton. "My sister was staying (here),
O　　adv'　　o'　　V　　S　　　S1　　　V　　　adv

(at the rectory), [you know], (some four years ago), and she gave me
adv　　　　　int s'　v'　　adv　　　　　　　　S2　V　iO

｢letters (of introduction) (to some of the people (here))｣."
dO　　　adj　　　　　　adj　　　　　　adj

・hardly *(adv)* ほとんど〜ない ・rectory *(n)* 牧師館 ・you know [間投詞] ご存じの通り、ほら

解説

　l.1: Hardly a soul. は前段落の問いへの応答で、I hardly know a soul. の略。soul は段落 3 と同様の用法です。
　l.2: some four years ago の some は「およそ、大体」の意。
　l.3: 文末の here は副詞の形容詞的用法。直前の people を修飾します。

試訳

「ほとんど一人も知りません」フラムトンは言った。「私の姉が当地に滞在していたのです、ほら、あの牧師館に、だいたい四年ほど前のことですが。それで、私にこちらの幾人かの方々への紹介状を持たせてくれたというわけです」

7

He made「the last statement」(in a tone (of distinct regret)).
S　V　　　　O　　　　　　adv　　　　adj

・statement *(n)* 声明、発言 ・distinct *(adj)* 明確な

試訳

彼はその最後の言葉を、明らかに残念そうな口調で言った。

8

"(Then) you know (practically)「nothing (about my aunt)」?"
　adv　　S　V　　adv　　　　　　O　　　　adj

pursued「the self-possessed young lady」.
V　　　　　　　　S

解説

　せりふと地の文からなる直接話法の文では、せりふ（被伝達部）を地の文（伝達部）の目的語として捉えますが、この文ではそれが困難です。述語 pursue には「〜を追求する、従事する」という他動詞用法もありますが、その場合、目的語となるのは追求される対象であり、この文のようなせりふ部分ではないからです。従ってこの文の述語 pursue は自動詞「続ける」で、せりふ部分は目的語で

はなく、実質的には独立した二つの文からなるとみられます。

試訳

「それでは実際のところ、伯母のことはなにもご存じではないのですね?」冷静な若い女性は続けた。

9

⌊"(Only) 「her name and address」,"⌋ admitted the caller. He was
　O　adv'　　　　o'　　　　　　　V　　　S　　　S

wondering ⌊whether 「Mrs. Sappleton」 was 「in the married or widowed
V　　　　　O　　　　　　　s'　　　　v'　　c'

state」⌋. 「An undefinable something (about the room)」 seemed ⌊to
　　　　　　　S　　　　　　adj　　　　　　V　C

suggest 「masculine habitation」⌋.
/v'　　　　　o'

- widowed *(adj)* 未亡人の、夫と死別した　・undefinable *(adj)* 定義できない、漠然とした
- masculine *(adj)* 男性の　・habitation *(n)* 居住、住まい

試訳

「お名前と、ご住所だけです」訪問者は認めた。彼は、はたしてサプルトン夫人が結婚しているのか、それとも未亡人なのだろうかと思い巡らしていた。その部屋のまわりのいわく言いがたいなにかが、男性の居住を暗示しているように思われたのだ。

10

⌊"「Her great tragedy」 happened (just three years ago),"⌋ said the
　O1　　　s'　　　　v'　　　　adv'　　　　　　　V

child; ⌊"that would be 「since your sister's time」."⌋
　S　O2 s'　　　v'　　　　　　c'

試訳

「伯母の大きな悲劇は、ちょうど三年前に起きたんです」と子供は言った。「だからそれは、お姉様がここにいらした頃より後のことですね」

11

⌊"Her tragedy?"⌋ asked Framton; (somehow) (in this restful country
 O　　　　　　　 V　　　 S　　　adv　　　　　adv

spot) tragedies seemed「out of place」.
　　　　 S　　　　 V　　　　C

・somehow *(adv)* どういうわけか、どうも　・restful *(adj)* 落ち着いた、静かな

解説

　この文は、二つの文章が;(セミコロン)によって連結された重文です。ここでのセミコロンは「というのも (for)」といった接続詞の代用で、somehow 以下は前の文の補足ないし説明になっています。

　l.2: seem out of place は熟語で「場違いに見える、思える」の意。

試訳

「伯母様の悲劇ですって?」フラムトンは訊ねた。どうも、こんな静かな田舎町に悲劇とは場違いなように思われたのだ。

12

⌊"You may wonder ⌊why we keep「that window」(wide) open (on
 O s'　　 v'　　 o'　s"　v"　　 o"　　　 adv"　c" adv"

an October afternoon)⌋,"⌋ said the niece, [indicating「a large French
　　　　　　　　　　　　　　 V　　 S　　 adv /v'　　　　　o'

window」[that opened on (to a lawn)]].
　　　　　 adj' s"　v"　　 adv"

・indicate *(vt)* 指示す　・open on (to) [句動 *vi*] 面する　・lawn *(n)* 芝生

解説

　l.2-3: indicating a large French window that opened on to a lawn は分詞構文で、副詞句として前出の動詞 said を修飾しています。

　french window(フランス窓)は french door ともいい、外のテラスなどに面して出入りのできる観音開きの大きな窓のこと。

試訳

「あなたは、なぜ私たちが十月の午後にもなってあの窓を大きく開け放しにしているのか、と不思議にお思いかもしれませんね」芝生

The Open Window

に面した大きなフランス窓を指し示しながら、姪は言った。

13

⌊"It is (quite) warm (for the time (of the year)),"⌋ said Framton;
O1　s'　v'　adv'　　c'　　adv'　　　　adj'　　　　　　V　　S

⌊"but has「that window」got anything [to do (with the tragedy)]?"⌋
O2　　　has　　s'　　　v'　o'　　adj' /v''　　adv''

解説
l.1: "It is quite warm for the time of the year," の主語 It は天候や寒暖などをあらわす際に用いられる代名詞で、実質的に指し示す内容はありません。前置詞 for は「～にしては」。

l.2: has that window got anything to do with the tragedy? は完了形の疑問文ではなく、句動詞 have got「持っている」と、疑問文で本動詞 have を文頭に出すイギリス英語の用法が重なったものです。米語式では does that window have anything to do with the tragedy? となります。have something to do with は熟語で「～と関係がある」。

試訳
「今の時期にしてはとても暖かいですものね」フラムトンは言った。「しかし、あの窓がその悲劇となにか関わりがあるのですか？」

14

"(Out through that window), (three years ago (to a day)),「her
　　adv　　　　　　　　　　　　adv　　　　adv　　　　　S

husband and her two young brothers」went off (for their day's shooting).
　　　　　　　　　　　　　　　　　　　V　　　　adv

They (never) came back. [In crossing the moor (to their favourite
S　　adv　　V　　　adv　　/v'　　　o'　　　adv'

snipe-shooting ground)] they were「all three」engulfed (in a treacherous
　　　　　　　　　　　　　S　　=S　　　　　　V　　adv

piece (of bog)). It had been「that dreadful wet summer」, [you know],
　　　adj　　S1　V　　　　　　　C　　　　　　　　　int s'　v'

34

and places [that were safe (in other years)] gave way (suddenly)
　　S2 　adj s'　　v'　　c'　　adv'　　　　　V　　　　　adv

(without warning). 「Their bodies」 were (never) recovered. That was
　adv　　　　　　　　　　S　　　　adv　　V　　　S　　V

「the dreadful part (of it)」." (Here) 「the child's voice」 lost 「its self-
　C　　　adj　　　　　　adv　　　　S　　　　　V1　　　O

possessed note」 and became (falteringly) human.
　　　　　　　　　V2　　adv　　　　C

・go off [句動 vi] 出かける　・moor (n) 原野、沼地　・snipe-shooting (n) シギ猟
・engulf (vi) 飲み込む　・treacherous (adj) 危険な、不誠実な　・bog (n) 沼地　・give way
[句動 vi] 崩れる　・dreadful (adj) ひどく恐ろしい　・falteringly (adv) ためらいがちに

解説

l.1: to a day は熟語で、「一日も違わず、きっかり」の意。

試訳

「あの窓を通って、ちょうど三年前のこの日、伯母の夫と彼女の二人の若い弟が、日帰りの狩りに出かけたんです。彼らは二度と帰ってきませんでした。お気に入りのシギ撃ちの猟場に向かって原野を渡っていたときに、三人とも、沼地の危険な一画に飲み込まれてしまったんです。ご存じのように、あの夏はひどく雨が多かったでしょう、他の年には安全だった場所が、突然なんの前触れもなく崩れてしまったんです。遺体はとうとう回収されませんでした。それがこの一件のいやなところでした」ここで子供の声はその冷静な調子を失い、ためらいがちな、人間味のあるものになった。

15

"「Poor aunt」 (always) thinks [that they will come back (some day),
　S　　　　adv　　　V　　O　　s'　　　　v'1　　　adv

(they and 「the little brown spaniel」 [that was lost (with them)]), and
= s'　　　　　　　　　　　　　　　adj s"　v"　c"　　adv"

walk in (at that window) [(just) as they used to do]]. That is [why the
v'2　　adv'　　　　　　adv' adv"　s"　　　v"　　S　V　C

The Open Window

window is kept open (every evening) [till it is (quite) dusk]]. 「Poor dear
　　　s'　　v'　　c'　　adv'　　　　adv' s" v"　adv"　c"　　(int)

aunt], she has (often) told me [how they went out], [her husband
　　=　S　　adv　　 V　iO　dO　s'　　v'　　adv　(s'1)

(with「his white waterproof coat (over his arm)]), and Ronnie,「her
 adv'　　　　　　　　　　　　　　adj'　　　　　　(s'2)　=

youngest brother], singing「'Bertie, why do you bound?'] [as he
　　　　　　　　　　/v'　　o'　　　　　　　　　　　　　adv'　s"

(always) did [to tease her], [because she said [it got (on her nerves)]]]].
 adv"　　v"　adv'" /v'" o'"　adv"　　　s'"　v'" o'" s"" v""　adv""

[Do you know], (sometimes) (on still, quiet evenings (like this))), I
 int s'　 v'　　 adv　　　　　 adv　　　　　　　　　　adj　　　 S

(almost) get「a creepy feeling] [that they will (all) walk in (through
 adv　　 V　　　 O　　　　=　s'　　adv'　 v'　　adv'

that window)]ー"

・spaniel (n) スパニエル。小型の愛玩・狩猟犬　・dusk (adj) 薄暗い　・creepy (adj) 気味悪い

解説

l.5-6: her husband with his white waterproof coat over his arm は意味上の主語 (s') が主節の主語 S と異なる独立分詞構文で、本来ならば her husband being with ... という形になるところを、being が省略されているものです。この現在分詞 being の意味は付帯状況「〜しながら」で、「彼女の夫は白いレインコートを腕にかけながら」となります。このように分詞構文で being が省略される例は、受身の文を分詞構文にした場合（いわゆる「過去分詞の分詞構文」）をはじめ多々ありますが、なくても容易に意味のとれる文脈で省略されるのが普通です。

続く Ronnie, her youngest brother, singing... も同じく独立分詞構文。

l.7: 'Bertie, why do you bound?' は当時の流行歌 'Bertie the bounder' の歌詞の一節。

l.8: get on one's nerves は熟語で「〜の神経に障る」といった意味。

試訳

「かわいそうな伯母はずっと、彼らがいつか帰ってくる、一緒に行方がわからなくなった小さな茶色いスパニエル犬をつれて、そして彼らがいつもそうしていたように、あの窓から入ってくると信じているんです。そんなわけで、あの窓は毎晩、すっかり日が暮れてしまうまで開いたままになっているんです。可哀想な伯母さん！　彼女はしょっちゅう私に、彼らが出て行ったときの様子を話してくれました。彼女の夫は白いレインコートを腕にかけて、そして末の弟のロニーは『バーティ、お前はなぜ跳ねる？』を歌っていたんですって。それは彼が彼女をからかうためにいつも歌っていたものらしくて、というのも、彼女はそれが神経に障ると言っていたからなんです。お分かりかしら、ときどき今みたいなしーんとして静かな晩には、私はあやうく、彼らが今にもみんなであの窓から入ってくるのではないかしらなんて、ぞっとするような感じを受けそうになるんです —」

16

She broke off (with a little shudder). It was a relief (to Framton)
S   V   adv   S V   C   adj

[when the aunt bustled (into the room) (with a whirl (of apologies)
adv   s'   v'   adv'   adv'   adj'

[for being late [in making 「her appearance」]]).
adj' /v"   c" adv" /v'"   o'"

・break off [句動 *vi*] 急に話をやめる　・shudder *(n)* 身震い　・relief *(n)* 安堵、(苦痛、心配などの) 除去、軽減　・bustle *(vi)* 忙しく動く　・whirl *(n)* 回転、騒動

解説

l.3: make one's appearance は熟語で、「姿を現す」の意。

試訳

彼女はかすかに身震いして、話をやめた。そのとき伯母が、姿を現すのが遅れたことをしきりに謝りながら部屋にばたばたと入ってきたので、フラムトンは救われた気分になった。

17

⌊"I hope ⌊Vera has been amusing you?⌋," ⌋ she said.
　O　s' v'　　o' s"　　　　v"　　　　　o"　　　　S　　V

解説

I hope 〜は期待や希望の表現。「〜ならいいんだけれど」

試訳

「ヴェラはちゃんとおもてなしできていましたでしょうか？」彼女は言った。

18

⌊"She has been (very) interesting,"⌋ said Framton.
　O　s'　v'　　　adv'　　c'　　　　V　　　S

試訳

「とても興味深かったですよ」フラムトンは言った。

19

⌊"I hope ⌊you don't mind「the open window⌉⌋,"⌋ said Mrs. Sappleton
　O1 s' v'　o' s"　　　v"　　　　　o"　　　　　　V　　　S

(briskly); ⌊"「my husband and brothers⌉ will be (home) (directly)
 adv　　　　　　O2　s'1　　　　　　　　　v'　adv'　adv'

(from shooting), and they (always) come in (this way).⌋ They've
 adv'　　　　　　　　s'2　adv'　　　v'　　adv'　　　　　S1

been out (for snipe (in the marshes)) (today), so they'll make「a
 V　　C　adv　　adj　　　　　　adv　　　　S2　　V

fine mess⌉ (over my poor carpets). So (like you men-folk), isn't it?"
　　O　　　adv　　　　　　　C　　adv　　=　　　付加疑問

・briskly *(adv)* 活発に　・directly *(adv)* (英やや古) まもなく、やがて　・marsh *(n)* 沼地

・mess *(n)* 乱雑、散らかしたもの　・men-folk *(n)* 男連中

解説

l.4: a fine mess の mess は乱雑に散らかった状態のことですが、これを修飾する fine は良い意味で使う形容詞なので、この「素敵な」

には反語的な、皮肉なニュアンスがこめられているのでしょう。

l.5: So like you men-folk, isn't it? は付加疑問の形から主節を類推すれば SVC 型の文とみられます。補語の so は副詞が指示代名詞的に用いられたもので、they'll make a fine mess の部分を指しています。

試訳

「あの開いた窓のことは気になさらないでね」サプルトン夫人は快活に言った。「夫と兄弟が狩りからまもなく戻りますので。いつもあの窓を通って入ってくるんですよ。今日は沼地でのシギ猟に出かけたんです、だから戻ったら泥だらけで、絨毯を見事に汚してくれるでしょう。あなたがた殿方って皆さんそうしたものじゃありませんこと？」

20

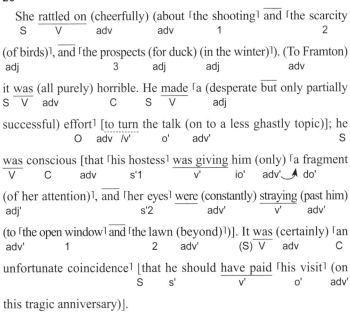

The Open Window

・rattle on [句動 vi] ぺちゃくちゃ喋る　・scarcity (n) 不足　・prospect (n) 見込み
・ghastly (adj) 恐ろしい　・stray (vi) 道に迷う、さまよう　・coincidence (n) 偶然の一致

解説

l.4-7: he was conscious that... の一文は冒頭の he was conscious「彼は気付いていた」が主節の SVC 型の文。続く従属接続詞 that から文尾までが副詞節で、それが冒頭の主節の指す具体的な内容として主節を修飾している形です（意味的に that 節を目的語に準じるものと捉えることも可能）。that 節は二つの文が並んだ重文で、and に続く名詞 her eyes は、節の冒頭の主語 his hostess と併置される、重文の二つ目の主語となります。

l.7: beyond は副詞「向こうに」ですが、形容詞的に名詞 lawn の後置修飾をしています。

l.8: should は驚きや意外の感情を表す用法「～だなんて」

試訳

「彼女は狩りのことや、鳥が少なくなっていること、そして冬場の鴨猟の見通しなどについて、楽しげに喋りつづけた。フラムトンにとって、それらはどれもまったく恐ろしいばかりだった。彼は話をそれほど不気味でない方向へと変えようと必死の努力を払ったが、しかし十分に成功したとはいえなかった。彼は女主人が彼にほんのかけらしか注意を払っておらず、そして視線は彼を通り越して、開いた窓とその先の芝生へと、絶えずさまよっているのに気づいていた。彼がよりによってこの悲劇的な記念日に訪問してしまったことは、確かに不運な偶然の一致だった」

21

["The doctors agree [in ordering me 「complete rest」, 「an absence (of mental excitement)」, and 「avoidance (of anything (in the nature of violent physical exercise))」,"] announced Framton, [who laboured

<u>under</u>「the tolerably widespread delusion」[that「total strangers and
               o'   =   s"   1

chance acquaintances」are hungry (for the least detail (of「one's
    2   v" c" adv"   adj" 1

ailments and infirmities」,「their cause and cure」))]].」"(On the matter
         2   O adv'

of diet) they <u>are</u> not (so much)「in agreement」," he <u>continued</u>.
  s'   v'   adv'   c'   S   V

- labo(u)r under [句動 vt] (誤解などを) 抱いている　・tolerably *(adv)* 相当の、かなり
- delusion *(n)* 誤った信念、妄想　・ailment *(n)* 軽い病気、不快　・infirmity *(n)* 虚弱、病気

解説

l.1-3: The doctors agree in ordering me complete rest... の一文は、The doctors agree が SV で、in 以下が述語 V を修飾する副詞句です。副詞句内では、動名詞 ordering は前置詞 in の目的語になるとともに動詞として目的語を受けています。me が間接目的語で、その後に三つの直接目的語が併置される、拡大された SVOO 型の構造です。

l.2: in the nature of は熟語で「〜の性質を帯びた、〜に似た」の意。

l.3: who laboured under the tolerably widespread delusion that total strangers and chance acquaintances are hungry for the least detail of one's ailments and infirmities, their cause and cure. は主語 Framton にかかる関係代名詞節ですが、コンマで区切られ補足説明的な継続用法になっています。節内では関係代名詞 who が主語となり、述語 laboured under は目的語を受ける句動詞で「(誤解、幻想などを) 抱いている」という意味。the tolerably widespread delusion「かなり広く行き渡った妄想」が目的語、続く that は同格「という」で、続くやや長めの同格節が delusion の内容を説明しています。主部は total strangers and chance acquaintances「全く見知らぬ人々やふとしたことで知り合った人たち」、述語の are に続く形容詞 hungry が補語の SVC 型で、これに hungry を修飾する副詞句 for the least detail「もっともこまかな細部まで」と、detail を修飾する二つの形容詞句 of one's ailments and infirmities, their cause and cure「人の不調や病気、その原因と治

The Open Window

療法」が続いています。

　なお、名詞に続くthat節が同格節か、あるいは関係代名詞節かを見分けるには、大まかに二つの簡易な方法があります。ひとつは訳してみて「〜という」で結べるものは同格節と判断できます。もうひとつは、節中でのthatの機能を見るもの。関係代名詞であればthatは節の中で先行詞を代行して主語や目的語等、文の要素になっているはずですが、同格のthatはそうではないこと。この例でもthatは何の代用にもなっておらず、thatを除いても文は完全に意味が通じます。

l.6-7: "On the matter of diet they are not so much in agreement,"のOn the matter of は副詞句の慣用表現で「〜に関しては」。so much は not と結びつき「それほど〜ではない」。in agreement は形容詞句「合意している」で補語。節全体としてはSVC型です。

試訳

「医者たちは私に、完全な休養をとり、精神的な興奮はしないよう、そして激しい肉体的運動に類するものはなんでも避けるよう命じることで合意しているんです」とフラムトンは言明したが、彼もまた、全く見知らぬ人々やふとしたことで知り合った人たちというものは、人の病気や不調、その原因と治療法などの話題となれば、もっともこまかな細部にまで飢えているものだという、かなり広く行き渡った妄想にとらわれていたのだった。「でも食餌療法に関しては、彼らはそれほど意見が一致しているわけでもありません」彼は続けた。

22

"No?" said Mrs. Sappleton, (in a voice [which (only) replaced a yawn (at the last moment)]). (Then) she (suddenly) brightened (into alert attention) — but (not to ⌊what Framton was saying⌋).

・replace *(vt)* 取り替える　・yawn *(n)* あくび　・brighten *(vi)* 明るくなる、輝く

・alert *(adj)* 油断のない、機敏な

解説

l.1: "No?" はフラムトンの発言の they are not ... を受けて「してないのですね？」と否定の形で返したもので、フラムトンの言葉への否定ではありません。「そうなんですか？」くらいに解釈します。

l.2: at the last moment は熟語で「ちょうど間に合って、土壇場で」といった意。

l.3: what Framton was saying は先行詞を含む関係代名詞 what に導かれた名詞節で、前置詞 to の目的語。「フラムトンが言っていること」

試訳

「そうですの？」ぎりぎりのところであくびを噛み殺した声で、サプルトン夫人は言った。とそのとき、彼女は突然顔を輝かせると、注意を集中させた ── しかしフラムトンの言っていることに対してではない。

23

["(Here) they are (at last)!"] she cried. "(Just in time (for tea)), and
O　adv'　s'　v'　adv'　　　S　V　　　adv　　　　adj

don't they look [as if they were muddy (up to the eyes)]!"
　S　V　adv　　s'　v'　　c'　　adv'

解説

l.1: Here they are は慣用表現で、Here + 人称代名詞 + be 動詞の形で「さあ着いた」といった意味。

l.1: Just in time は熟語で「ぎりぎり間に合う」の意。

l.2: don't they look as if they were muddy up to the eyes! は修辞疑問文で、形は疑問文ですがなにか尋ねているわけではなく、「していないでしょうか、いやしている！」という形です。漢文の反語形に似ています。don't they look で「彼らは見えないでしょうか = 見えるじゃありませんか」といった意味になります。as if they were muddy up to the eyes! は接続詞のように働く as if「まるで〜のように」に仮定法過去の形が続く慣用表現の副詞節。仮定法過去は、話し手が

The Open Window

事実ではないと考えている現在時のことを仮定して言い表す場合に用いる過去形です。「まるで彼らは目のまわりまで泥だらけみたいだ」

試訳

「やっと帰ってきたわ!」と彼女は叫んだ。「お茶の時間にぎりぎり間に合った。まるで目のまわりまで泥だらけみたいじゃありませんか!」

24

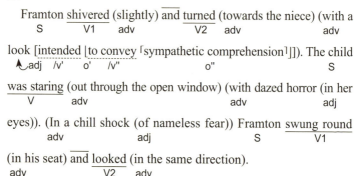

- shiver *(vi)* 震える ・convey *(vt)* 伝える ・comprehension *(n)* 理解
- dazed *(adj)* 茫然とした ・swing round [句動 *vi*] ぐるりと向きを変える

解説

l.1-2: with a look intended to convey sympathetic comprehension は直訳すると「同情的な理解を伝えようと意図された表情で」。よりくだけた訳にするなら「なるほどよくわかりましたという共感をこめた顔つきで」

試訳

フラムトンはかすかに身震いすると、同情をこめた理解を伝えようとして姪のほうに顔を向けた。子供は目に呆然とした恐怖の色を浮かべて、開いた窓から外を凝視していた。名状しがたい恐怖にぞっとするようなショックをうけて、フラムトンはいすに腰掛けたまままぐるりと振り返ると、同じ方向を見た。

25

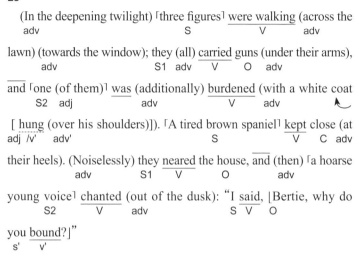

(In the deepening twilight) 「three figures」 were walking (across the
    adv   S   V   adv

lawn) (towards the window); they (all) carried guns (under their arms),
    adv   S1 adv   V   O   adv

and 「one (of them)」 was (additionally) burdened (with a white coat
    S2   adj   adv   V   adv

[hung (over his shoulders)]). 「A tired brown spaniel」 kept close (at
adj /v'   adv'   S   V   C adv

their heels). (Noiselessly) they neared the house, and (then) 「a hoarse
               adv   S1   V   O   adv

young voice」 chanted (out of the dusk): "I said, [Bertie, why do
    S2   V   adv   S V   O

you bound?]"
  s'   v'

・burden *(vt)* 荷を負わせる　・hoarse *(adj)* しわがれ声の　・chant *(vi)* 詠唱する

解説

l.3: be burdened with 〜は「〜を負う」の意で、with 以下は目的語のように働く副詞句です。burden O with 〜「O に〜を負わせる」という定型が受動態になったもので、この節を平叙文にすれば O には himself などが入り SVO 型になります。

試訳

深まりゆく夕暮れの中を、三つの人影が芝生を横切り、窓に向かって歩いて来るのだった。彼らはみな腕に銃を抱え、加えて一人は白いコートを肩にかけていた。疲れた茶色いスパニエル犬が、彼らのすぐ足もとをついてきていた。音もなく彼らは家に近づき、それから、かすれた若い声が夕暮れの中から歌いだした。「おれは言った、バーティ、お前はなぜ跳ねる？」

26

Framton grabbed (wildly) (at his stick and hat); 「the hall-door, the
   S   V   adv   adv   S   1

gravel-drive, and the front gate⌐ were ⌐dimly-noted stages⌐ (in his
    2   3   V   C   adv

headlong retreat). A cyclist [coming (along the road)] had to run into
                    S   adj /v'   adv'   V

the hedge [to avoid ⌐an imminent collision⌐].
  O   adv /v'   o'

- grab *(vi)* ひったつかむ　・gravel-drive *(n)* 砂利敷きの車路　・dimly *(adv)* ぼんやりと
- headlong *(adj)* 真っ逆さまの、大急ぎの　・retreat *(n)* 退却　・run into [句動 *vt*] ぶつかる
- hedge *(n)* 生け垣　・imminent *(adj)* 差し迫った　・collision *(n)* 衝突

解説

l.1: the hall-door, the gravel-drive, and the front gate were dimly-noted stages in his headlong retreat. は無生物主語の文で、直訳すると「玄関のドア、砂利敷きの車路、屋敷の表門は彼の大慌ての退却中、ぼんやりとしか気付かれなかった行程だった」。無生物主語は日本語にはあまりなじまないことが多いので、なるべく自然な形になるよう訳出します。

試訳

　フラムトンは荒々しく杖と帽子を引っつかんだ。一目散に逃げ出した彼の目には、玄関のドアも、砂利敷きの車路も、屋敷の表門もほとんど入ってはこなかった。道を走ってきた一台の自転車が、すんでのところで衝突を避けようとして、生垣に突っ込まなければならなかった。

27

⌊"(Here) we are, my dear,"⌋ said the bearer (of the white mackintosh),
O1 adv' s' v'   int'   V   S   adj

[coming in (through the window)]; ⌊"(fairly) muddy, but ⌐most (of
adv /v'   adv'   O2 adv' c'   s'2 adj

it)⌐'s dry.⌋ Who was that [who bolted out [as we came up]]?"
v' c'   C   V   S adj s'   v'   adv' s"   v"

- bearer *(n)* 運ぶ人　・mackintosh *(n)* レインコート　・bolt out [句動 *vi*] 飛び出す

・come up [句動 *vi*] 上がってくる、近づく

解説

l.2: coming in through the window は付帯状況「〜しながら」の分詞構文で、副詞的に述語 said を修飾しています。

試訳

「帰ったよ、お前」窓から入りながら、白いレインコートの持ち主が言った。「けっこう泥だらけになってしまったが、ほとんど乾いたよ。僕らが入ったときに飛び出していったのは誰かね？」

28

⌊"「A most extraordinary man」,「a Mr. Nuttel」," ⌋ said Mrs. Sappleton;
  O1   c' = c'   V   S

⌊"could (only) talk (about his illnesses), and dashed off (without a
 O2   adv' v'1   adv'   v'2   adv'

word (of good-bye or apology)) [when you arrived].⌋ One would
     adj'   adv'   s"   v"   S

think [he had seen a ghost]."
 V   O s'   v'   o'

・extraordinary *(adj)* 異常な、並外れた ・dash off [句動 *vi*] 急いで去る

解説

l.1: "A most extraordinary man, a Mr. Nuttel," は前段落の "Who was that?" への返答が二つ同格の形で重なった形です。この二つの名詞句はどちらも不定冠詞 a の用例のようになっています。

A most extraordinary man の副詞 most は、前に定冠詞 the が置かれれば形容詞を修飾して「最も」という最上級になりますが、不定冠詞 a に続くと比較ではなく強調表現で「とても」というほどの意味です。

a Mr. Nuttel の「不定冠詞 a + 固有名詞」の形は説明的に「〜という（名の）人」という意味になります。

l.3-4: One would think he had seen a ghost. の One は漠然と「人」をさした主語。過去形の助動詞 would は仮定法で、「もしも彼のあの

The Open Window

様子を見れば」というような条件が含意されています。「人は彼が幽霊でも見たのではと思うかもしれない」

試訳

「とても変わったかた、ナトルさんとかおっしゃる人よ」サプルトン夫人は言った。「ご自分の病気のことしか話さずに、あなたたちが戻るとさよならもお詫びの言葉もなしに大慌てで帰ってしまったの。もしや幽霊でも見たのかと思うくらいだったわ」

29

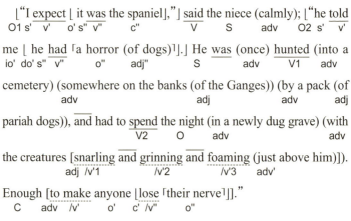

- cemetery (n) 墓地　・pack (n) 一群　・pariah (n)（インドの最下層民から）のけ者、浮浪者
- snarl (vi) うなる　・grin (vi) 歯を見せて笑う　・foam (vi) 泡を吹く、泡立つ

解説

l.3: somewhere「どこかで」は副詞でここでは述語 was hunted にかかり「ガンジス河の岸辺のどこかで墓地に追い込まれた」となります。関係詞的に cemetary を修飾するとみて「ガンジス河の岸辺あたりの墓地に追い込まれた」とするのは不可。

l.6: Enough to make anyone lose their nerve. は SV（主語は前文全体に相当）が省略され、補語の形容詞 enough とそれを修飾する副詞句のみでできた文。lose は使役動詞 make に応じた原形不定詞です。

> **試訳**

「スパニエルのせいじゃないかしら」姪が平然として言った。「あの方、犬が大嫌いだと言っていたから。いつだったか、ガンジス河の岸辺のどこかで、野良犬の群れに墓地の中へ追い込まれたことがあったそうよ。そして新しく掘られた墓穴の中で、すぐ上では犬たちが唸ったり、歯をむき出したり、泡を吹いたりしているなかで、一晩過ごさなくてはならなかったんですって。誰だって怖じ気づいてしまうのも無理はないわ」

30

「Romance (at short notice)」 was 「her speciality」.
　　S　　　　adj　　　　　　V　　　　C

・romance *(n)*（特に空想的な）物語、作り話　・short notice *(n)* 突然の知らせ、事態
・speciality *(n)* 専門、得意なこと

> **解説**

at short notice は熟語で「急に、即座に」の意。

> **試訳**

即席の作り話は彼女の特技だった。

The Open Window

開いた窓

「伯母はじきに降りてまいります、ナトル様」とても落ち着いた、十五歳の若い女性が言った。「その間、差しあたってはわたくしがお相手をさせていただきますわ」

　フラムトン・ナトルは、これから来るであろう伯母をあまり軽視している印象を与えずに、いま向かい合っている姪のご機嫌を十分とれるような、なにかその場にふさわしいことをつとめて言おうとした。いっぽう心のうちでは、こうして立て続けにまったく見知らぬ人々を形ばかり訪問することが、彼が受けているはずの神経の治療のために、はたして大いに役立つのかどうか、これまで以上に疑わしく感じていた。

「どんなことになるか目に見えてるわ」彼がこの田舎の静養地へ引っ越す準備をしていた時、彼の姉は言ったものだ。「あなたはそこですっかり引きこもってしまって、誰とも話をしなくなる。そしてふさぎこんでしまって、神経の具合も今までより悪くなるに違いないんだわ。今すぐあなたに、私があそこで知っている人全員にあてた紹介状を書いてあげる。そのうち何人かは、思い出せる限りではとてもいい人だったわよ」

　フラムトンは、彼が紹介状を手渡そうとしている相手のご婦人、サプルトン夫人が、はたしてそのいい人たちの部類に属しているだろうかと思った。

「あなたはこのあたりの人たちをたくさんご存知でいらして？」だんまりにおつきあいするのもそろそろ十分な頃合いだと判断して、姪は訊ねてきた。

「ほとんど一人も知りません」フラムトンは言った。「私の姉が当地に滞在していたのです、ほら、あの牧師館に、だいたい四年ほど前のことですが。それで、私にこちらの幾人かの方々への紹介状を持たせてくれたというわけです」彼はその最後の言葉を、明らかに残念そう

な口調で言った。
「それでは実際のところ、伯母のことはなにもご存じではないのですね？」冷静な若い女性は続けた。
「お名前と、ご住所だけです」訪問者は認めた。彼は、はたしてサプルトン夫人が結婚しているのか、それとも未亡人なのだろうかと思い巡らしていた。部屋にはなんとはなしに男性の気配が感じられた。
「伯母の大きな悲劇は、ちょうど三年前に起きたんです」と子供は言った。「だからそれは、お姉様がここにいらした頃より後のことですね」
「伯母様の、悲劇ですって？」フラムトンは訊ねた。というのも、どういうわけか、こんな静かな田舎町に悲劇とは場違いなように思われたのだ。
「あなたは、なぜ私たちが十月の午後にもなってあの窓を大きく開け放しにしているのか、と不思議にお思いかもしれませんね」芝生に面した大きなフランス窓を指し示しながら、姪は言った。
「今の時期にしてはとても暖かいですものね」フラムトンは言った。「しかし、あの窓がその悲劇となにか関わりがあるのですか？」
「あの窓を通って、ちょうど三年前のこの日、伯母の夫と彼女の二人の若い弟が、日帰りの狩りに出かけたんです。彼らは二度と帰ってきませんでした。お気に入りのシギ撃ちの猟場に向かって原野を渡っていたときに、三人とも、沼地の危険な一画に飲み込まれてしまったんです。ご存じのように、あの夏はひどく雨が多かったでしょう、他の年には安全だった場所が、突然なんの前触れもなく崩れてしまったんです。遺体はとうとう回収されませんでした。それがこの一件のいやなところでした」ここで子供の声はその冷静な調子を失い、ためらいがちな、同情のこもったものになった。
「かわいそうな伯母はずっと、彼らがいつか帰ってくる、一緒に行方がわからなくなった小さな茶色いスパニエル犬をつれて、そして彼らがいつもそうしていたように、あの窓から入ってくると信じているんです。そんなわけで、あの窓は毎晩、すっかり日が暮れてしまうまで開いたままになっているんです。可哀想な伯母さん！ 彼女はしょっちゅう私に、彼らが出て行ったときの様子を話してくれました。彼女

の夫は白いレインコートを腕にかけて、そして末の弟のロニーは『バーティ、お前はなぜ跳ねる？』を歌っていたんですって。それは彼が彼女をからかうためにいつも歌っていたものらしくて、というのも、彼女はそれが神経に障ると言っていたからなんです。お分かりかしら、ときどき今みたいなしーんとして静かな晩には、私はあやうく、彼らが今にもみんなであの窓から入ってくるのではないかしらなんて、ぞっとするような感じを受けそうになるんです ——」

彼女はかすかに身震いして、話をやめた。そのとき伯母が、顔を出すのが遅れたことをしきりに謝りながら部屋にばたばたと入ってきたので、フラムトンは救われた気分になった。

「ヴェラはちゃんとおもてなしできていましたでしょうか？」彼女は言った。

「たいへん面白かったですよ」フラムトンは言った。

「窓が開いていますけど気になさらないでね」サプルトン夫人は勢いよく言った。「夫と兄弟が狩りからまもなく戻りますので。いつもあの窓を通って入ってくるんですよ。今日は沼地でのシギ猟に出かけたんです、だから戻ったら泥だらけで、絨毯を見事に汚してくれるでしょう。あなたがた殿方って皆さんそうしたものじゃありませんこと？」

彼女は狩りのことや、鳥が少なくなっていること、そして冬場の鴨猟の見通しなどについて、楽しげに喋りつづけた。フラムトンにとって、それらはどれもまったく恐ろしいばかりだった。彼は話をそれほど不気味でない方向へ変えようと必死の努力を払ったが、しかし十分に成功したとはいえなかった。彼は女主人が彼にほんのわずかしか注意を払っておらず、そして視線は彼を通り越して、開いた窓とその先の芝生へと、絶えずさまよっているのに気づいていた。彼がよりによってこの悲しむべき記念日に訪問してしまったことは、確かに不運な偶然の一致だった。

「医者たちは皆そろって私に、完全な休養をとり、精神的な興奮はしないよう、そして激しい肉体的運動に類するものはなんでも避けるよう命じているんです」とフラムトンは言明したが、彼もまた、全く見知らぬ人々やふとしたことで知り合った人たちというものは、人の不

調や病気、その原因と治療法などの話題となれば、もっとも些細なことまで知りたくてたまらないものだという、かなり広く行き渡った妄想にとらわれていたのだった。「でも食餌療法に関しては、彼らはそれほど意見が一致しているわけでもありません」彼は続けた。
「そうですの？」ぎりぎりのところであくびを噛み殺した声で、サプルトン夫人は言った。とそのとき、彼女は突然顔を輝かせると、注意を集中させた ── しかしフラムトンの言葉に対してではない。
「やっと帰ってきたわ！」と彼女は叫んだ。「お茶の時間にぎりぎり間に合った。まるで目のまわりまで泥だらけみたいじゃありませんか！」
フラムトンはかすかに身震いすると、同情をこめた理解を伝えようとして姪のほうに顔を向けた。子供は目に呆然とした恐怖の色を浮かべて、開いた窓から外を凝視していた。名状しがたい恐怖にぞっとするようなショックをうけて、フラムトンはいすに腰掛けたままぐるりと振り返ると、同じ方向を見た。
深まりゆく夕暮れの中を、三つの人影が芝生を横切り、窓に向かって歩いて来るのだった。彼らはみな腕に銃を抱え、加えて一人は白いコートを肩にかけていた。疲れた茶色いスパニエル犬が、彼らのすぐ足もとをついてきていた。音もなく彼らは家に近づき、次いで、かすれた若い声が夕暮れの中から歌いだした。「おれは言った、バーティ、お前はなぜ跳ねる？」
フラムトンは荒々しく杖と帽子を引っつかんだ、一目散に逃げ出した彼の目には、玄関のドアも、砂利敷きの車路も、屋敷の表門もほとんど入ってはこなかった。道を走ってきた一台の自転車が、すんでのところで衝突を避けようとして、生垣に突っ込まなければならなかった。
「帰ったよ、お前」窓から入りながら、白いレインコートの持ち主が言った。「けっこう泥だらけになってしまったが、ほとんど乾いたよ。僕らが入ったときに飛び出していったのは誰かね？」
「とても変わったかた、ナトルさんとかおっしゃる人よ」サプルトン夫人は言った。「ご自分の病気のことしか話さずに、あなたたちが戻るとさよならもお詫びの言葉もなしに大慌てで帰ってしまったの。も

しや幽霊でも見たのかと思うくらいだったわ」
「スパニエルのせいじゃないかしら」姪が平然として言った。「あの方、犬が大嫌いだと言っていたから。いつだったか、ガンジス河の岸辺かどこかで、野良犬の群れに墓地の中へ追い込まれたことがあったそうよ。そして新しく掘られた墓穴の中で、すぐ上では犬たちが唸ったり、歯をむき出したり、泡を吹いたりしているなかで、一晩過ごさなくてはならなかったんですって。誰だって怖じ気づいてしまうのも無理はないわ」

　即席の作り話は彼女の特技だった。

Louis

1   "It would be jolly to spend Easter in Vienna this year," said Strudwarden, "and look up some of my old friends there. It's about the jolliest place I know of to be at for Easter —"

2   "I thought we had made up our minds to spend Easter at Brighton," interrupted Lena Strudwarden, with an air of aggrieved surprise.

3   "You mean that you had made up your mind that we should spend Easter there," said her husband; "we spent last Easter there, and Whitsuntide as well, and the year before that we were at Worthing, and Brighton again before that. I think it would be just as well to have a real change of scene while we are about it."

4   "The journey to Vienna would be very expensive," said Lena.

5   "You are not often concerned about economy," said Strudwarden, "and in any case the trip of Vienna won't cost a bit more than the rather meaningless luncheon parties we usually give to quite meaningless acquaintances at Brighton. To escape from all that set would be a holiday in itself."

6   Strudwarden spoke feelingly; Lena Strudwarden maintained an equally feeling silence on that particular subject. The set that she gathered round her at Brighton and other South Coast resorts was composed of individuals who might be dull and meaningless in themselves, but who understood the art of flattering Mrs. Strudwarden. She had no intention of foregoing their society and their homage and flinging herself among unappreciative strangers in a foreign capital.

7   "You must go to Vienna alone if you are bent on going," she said; "I couldn't leave Louis behind, and a dog is always a fearful

nuisance in a foreign hotel, besides all the fuss and separation of the quarantine restrictions when one comes back. Louis would die if he was parted from me for even a week. You don't know what that would mean to me."

8 Lena stooped down and kissed the nose of the diminutive brown Pomeranian that lay, snug and irresponsive, beneath a shawl on her lap.

9 "Look here," said Strudwarden, "this eternal Louis business is getting to be a ridiculous nuisance. Nothing can be done, no plans can be made, without some veto connected with that animal's whims or convenience being imposed. If you were a priest in attendance on some African fetish you couldn't set up a more elaborate code of restrictions. I believe you'd ask the Government to put off a General Election if you thought it would interfere with Louis's comfort in any way."

10 By way of answer to this tirade Mrs. Strudwarden stooped down again and kissed the irresponsive brown nose. It was the action of a woman with a beautifully meek nature, who would, however, send the whole world to the stake sooner than yield an inch where she knew herself to be in the right.

11 "It isn't as if you were in the least bit fond of animals," went on Strudwarden, with growing irritation; "when we are down at Kerryfield you won't stir a step to take the house dogs out, even if they're dying for a run, and I don't think you've been in the stables twice in your life. You laugh at what you call the fuss that's being made over the extermination of plumage birds, and you are quite indignant with me if I interfere on behalf of an ill-treated, over-driven animal on the road. And yet you insist on every one's plans being made subservient to the convenience of that stupid little morsel of fur and selfishness."

12 "You are prejudiced against my little Louis," said Lena, with a

world of tender regret in her voice.

13 "I've never had the chance of being anything else but prejudiced against him," said Strudwarden; "I know what a jolly responsive companion a doggie can be, but I've never been allowed to put a finger near Louis. You say he snaps at any one except you and your maid, and you snatched him away from old Lady Peterby the other day, when she wanted to pet him, for fear he would bury his teeth in her. All that I ever see of him is the top of his unhealthy-looking little nose, peeping out from his basket or from your muff, and I occasionally hear his wheezy little bark when you take him for a walk up and down the corridor. You can't expect one to get extravagantly fond of a dog of that sort. One might as well work up an affection for the cuckoo in a cuckoo-clock."

14 "He loves me," said Lena, rising from the table, and bearing the shawl-swathed Louis in her arms. "He loves only me, and perhaps that is why I love him so much in return. I don't care what you say against him, I am not going to be separated from him. If you insist on going to Vienna you must go alone, as far as I am concerned. I think it would be much more sensible if you were to come to Brighton with Louis and me, but of course you must please yourself."

15 "You must get rid of that dog," said Strudwarden's sister when Lena had left the room; "it must be helped to some sudden and merciful end. Lena is merely making use of it as an instrument for getting her own way on dozens of occasions when she would otherwise be obliged to yield gracefully to your wishes or to the general convenience. I am convinced that she doesn't care a brass button about the animal itself. When her friends are buzzing round her at Brighton or anywhere else and the dog would be in the way, it has to spend whole days alone with the maid, but if you want Lena to go with you anywhere where she doesn't want to go

instantly she trots out the excuse that she couldn't be separated from her dog. Have you ever come into a room unobserved and heard Lena talking to her beloved pet? I never have. I believe she only fusses over it when there's some one present to notice her."

16 "I don't mind admitting," said Strudwarden, "that I've dwelt more than once lately on the possibility of some fatal accident putting an end to Louis's existence. It's not very easy, though, to arrange a fatality for a creature that spends most of its time in a muff or asleep in a toy kennel. I don't think poison would be any good; it's obviously horribly over-fed, for I've seen Lena offer it dainties at table sometimes, but it never seems to eat them."

17 "Lena will be away at church on Wednesday morning," said Elsie Strudwarden reflectively; "she can't take Louis with her there, and she is going on to the Dellings for lunch. That will give you several hours in which to carry out your purpose. The maid will be flirting with the chauffeur most of the time, and, anyhow, I can manage to keep her out of the way on some pretext or other."

18 "That leaves the field clear," said Strudwarden, "but unfortunately my brain is equally a blank as far as any lethal project is concerned. The little beast is so monstrously inactive; I can't pretend that it leapt into the bath and drowned itself, or that it took on the butcher's mastiff in unequal combat and got chewed up. In what possible guise could death come to a confirmed basket-dweller? It would be too suspicious if we invented a Suffragette raid and pretended that they invaded Lena's boudoir and threw a brick at him. We should have to do a lot of other damage as well, which would be rather a nuisance, and the servants would think it odd that they had seen nothing of the invaders."

19 "I have an idea," said Elsie; "get a box with an air-tight lid, and bore a small hole in it, just big enough to let in an indiarubber tube. Pop Louis, kennel and all, into the box, shut it down, and put the

other end of the tube over the gas-bracket. There you have a perfect lethal chamber. You can stand the kennel at the open window afterwards, to get rid of the smell of gas, and all that Lena will find when she comes home late in the afternoon will be a placidly defunct Louis."

20 "Novels have been written about women like you," said Strudwarden; "you have a perfectly criminal mind. Let's come and look for a box."

21 Two mornings later the conspirators stood gazing guiltily at a stout square box, connected with the gas-bracket by a length of indiarubber tubing.

22 "Not a sound," said Elsie; "he never stirred; it must have been quite painless. All the same I feel rather horrid now it's done."

23 "The ghastly part has to come," said Strudwarden, turning off the gas. "We'll lift the lid slowly, and let the gas out by degrees. Swing the door to and fro to send a draught through the room."

24 Some minutes later, when the fumes had rushed off, he stooped down and lifted out the little kennel with its grim burden. Elsie gave an exclamation of terror. Louis sat at the door of his dwelling, head erect and ears pricked, as coldly and defiantly inert as when they had put him into his execution chamber. Strudwarden dropped the kennel with a jerk, and stared for a long moment at the miracle-dog; then he went into a peal of chattering laughter.

25 It was certainly a wonderful imitation of a truculent-looking toy Pomeranian, and the apparatus that gave forth a wheezy bark when you pressed it had materially helped the imposition that Lena, and Lena's maid, had foisted on the household. For a woman who disliked animals, but liked getting her own way under a halo of unselfishness, Mrs. Strudwarden had managed rather well.

26 "Louis is dead," was the curt information that greeted Lena on her return from her luncheon party.

Louis

27 "Louis *dead*!" she exclaimed.

28 "Yes, he flew at the butcher-boy and bit him, and he bit me, too, when I tried to get him off, so I had to have him destroyed. You warned me that he snapped, but you didn't tell me that he was downright dangerous. I shall have to pay the boy something heavy by way of compensation, so you will have to go without those buckles that you wanted to have for Easter; also I shall have to go to Vienna to consult Dr. Schroeder, who is a specialist on dog-bites, and you will have to come too. I have sent what remains of Louis to Rowland Ward to be stuffed; that will be my Easter gift to you instead of the buckles. For Heaven's sake, Lena, weep, if you really feel it so much; anything would be better than standing there staring as if you thought I had lost my reason."

29 Lena Strudwarden did not weep, but her attempt at laughing was an unmistakable failure.

Louis 分析と解説

1

⌊"It would be jolly ⌊to spend Easter (in Vienna) (this year)⌋,"⌋ said
O1(s')　　v'　c'　s'　/v"1　o"　　adv"　　　adv"　　　　V

Strudwarden, ⌊"⌊and look up 「some (of my old friends (there))」⌋.⌋ It's
　S　　　　O2 s'(続き) /v"2　o"　　adj"　　　　adj"　　S V

(about) 「the jolliest place」 [I know of] [to be at (for Easter)]—"
adv　　　　　C　　　　adj s'　v'　adj /v'　adv'

・jolly *(adj)* 楽しい、すてきな　・Easter *(n)* イースター、復活祭（キリストの復活を祝う祭）
・look up [句動 *vt*]（捜して人を）訪ねる　・know of [句動 *vt*]（直接にではなく見聞きするなどして）知っている

解説

l.1: It would be jolly to... の冒頭の It は仮主語。真主語は to 以下の名詞節で、地の文（伝達部）をまたぎ文末 there まで含まれます。

l.2: look up some of my old friends there の there は副詞ですが、形容詞的に some of my old friends を修飾。

l.3: I know of は the jolliest place を先行詞とする接触節（節頭の関係代名詞が省略されているもの）。to be at for Easter は不定詞句の形容詞的用法で、これも the jolliest place を修飾しています。

試訳

「今年はイースターをウィーンで過ごして、そこの旧友たちを訪ねたら楽しいだろうね」ストラドウォーデンは言った。「僕の知る限り、ウィーンはイースターを過ごすには多分いちばん楽しいところだよ――」

2

⌊"I thought ⌊we had made up 「our minds」 ⌊to spend Easter (at
　O s'　v'　　o' s"　　v"　　　o"　　＝　　/v"'　　o"'

Brighton)⌋⌋,"⌋ interrupted 「Lena Strudwarden」, (with an air (of aggrieved
adv"'　　　　　V　　　　　　S　　　　　　adv　　　adj

61

surprise)).

- make up [句動 *vt*] 作り上げる、とりまとめる　・interrupt *(vt)* 遮る、中断する
- aggrieved *(adj)* 虐げられた、不満のある

解説

l.1: make up one's mind は成句で「決心する」の意。続く不定詞句はmindの内容を説明した同格句と見ます（次段落*l.1*のthat節も同様）。

試訳

「イースターはブライトンで過ごすことに決めていたと思うけど」不満げな驚きをあらわして、レナ・ストラドウォーデンは遮った。

3

⌊"You <u>mean</u> ⌊that you <u>had made up</u> ⌈your mind⌉ ⌊that we should
O1　s'　　v'　　o'　　s"　　v"　　　　o"　　=　s'''

<u>spend</u> Easter (there)⌋⌋," ⌋ <u>said</u> ⌈her husband⌉; ⌊"<u>we spent</u> ⌈last Easter⌉
v'''　o'''　adv'''　　　　V　　S　　　　O2 s'1 v'　　o'1

(there), and Whitsuntide (as well), and (the year (before that)) we <u>were</u>
adv'　　o'2　　　adv'　　　adv'　　　adj'　　　　s'2 v'

(at Worthing), and (Brighton (again) (before that)).⌋ I <u>think</u> ⌊ it would
adv'1　　　　　adv'2　　adv'　　adv'　　　S　V　O(s')

<u>be</u> (just) as well ⌊<u>to have</u> ⌈a real change (of scene)⌉ [while we <u>are</u>
v' adv'　　　c'　 s'/v"　　　o"　　　　　adj" adv"　s''' v'''

<u>about</u> it]⌋⌋."
　　o'''

- Whitsuntide *(n)* 聖霊降臨節　・be about [句動 *vt*] ～を扱っている、問題とする

解説

l.2-4: "we spent last Easter... の一文は三つの等位接続詞 and で区切られ四つの部分に分かれています。最初の and では後に祭名 Whitsuntide が続いて前の Easter と並列し、次の and には新たな節が続いて前節全体と並列、三つ目には地名 Brighton が続き前の Worthing に並列しています。それぞれ並列する部分が違うように見え、やや把握し辛くなっていますが、どれも同じく「我々はいつ、

～の際には～で過ごした」という文が背後にあり、実質は四文が並列された重文構造です。言及対象の時期と機会と場所の違いを残して、冗長を避けるために共通部分が省略されているものです。

l.5: be just as well は成句で「好都合・良いことである」の意。while we are about it は直訳すると「我々がそれを扱っている間に」

試訳

「イースターをそこで過ごすんだって、君が決めていたということだろう」夫は言った。「僕らは去年のイースターをそこで過ごしたし、おまけに聖霊降臨節もそこで過ごした。一昨年はワージングで、その前はまたブライトンだ。思い立ったときに場所を変えてみるのもいいことじゃないかと思うよ」

4

⌊"「The journey (to Vienna)」 would be (very) expensive,"⌋ said Lena.
　O　　　　s'　　　adj'　　　　　　　v' adv'　　　c'　　　V　　S

試訳

「ウィーンに行くとなるとすごくお金がかかるわ」レナは言った。

5

⌊"You are not (often) concerned (about economy),"⌋ said
O1　s'　 　　　　adv'　　　v'　　　　adv'　　　　　　　V
Strudwarden, ⌊"and (in any case) 「the trip (of Vienna)」 won't cost (a
　S　　　　　O2　　adv'　　　　　　s"　　　adj'　　　v'
bit more) [than 「the rather meaningless luncheon parties」 [we
adv'　　　adv'　　　　　　　　　　　　　　s"　　　　　　　　　adj" s'''
(usually) give (to quite meaningless acquaintances) (at Brighton)]].⌋
adv'''　v'''　adv'''　　　　　　　　　　　　　　　　　　　adv'''
「To escape (from all that set)」 would be a holiday (in itself)."
　　S　　　adv　　　　　　　　　　　V　　C　　　adv

　　・be concerned *(vt)* 心配する、気にかける　・luncheon *(n)* 昼食　・acquaintance *(n)* 知人
　　・set *(n)* (職業、趣味などの) 仲間

63

解説

l.2-3: not a bit は慣用句で「少しも〜でない」の意。

試訳

「君はたいてい家計のことなど気にしないじゃないか」ストラドウォーデンは言った。「それにともかく、ウィーン行きはブライトンで僕らが全くどうでもいいような知り合いのために開く無意味な昼食会よりお金はかからないよ。ああいった連中から逃れられるなら、それ自体が祝日だね」

6

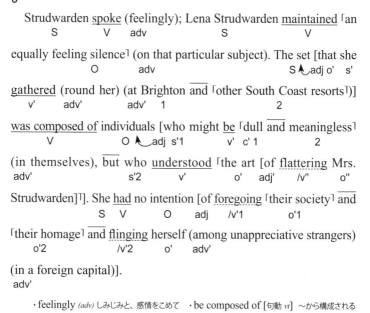

- feelingly *(adv)* しみじみと、感情をこめて ・be composed of [句動 *vt*] 〜から構成される
- flatter *(vt)* ご機嫌を取る、お世辞を言う ・forego *(vt)* 断念する、見送る ・homage *(n)* 敬意、忠誠 ・fling *(vt)* 投げつける、放り込む ・unappreciative *(adj)* 鑑識眼のない、目の肥えていない

解説

l.7: unappreciative strangers は直訳すると「鑑識眼のない他人」で

すが、ここでは国内でストラドウォーデン夫人のご機嫌を取ってくれる人々と対比しての表現なので、「鑑識眼」とは「彼女の良さがわかる」ことと解釈できます。

試訳

　ストラドウォーデンは実感をこめて言った。レナ・ストラドウォーデンも、その特別な話題に際しては、同じく感情のこもった沈黙を守った。ブライトンやその他の南海岸のリゾート地で、彼女が自分のまわりに集めた連中というのは、彼ら自身は退屈で無価値かもしれないが、しかしストラドウォーデン夫人のご機嫌を取り結ぶ術は心得ている人々から成り立っていた。彼らとの交際や彼らの忠誠心を断念して、異国の首都で彼女の価値のわからない他人たちの間に我が身を投じるつもりなど、彼女にはなかった。

7

⌊"You must go (to Vienna) (alone) [if you are bent (on going)],"⌋
O1　　s'　　　v'　adv'　　　　adv'　adv' s"　v"　c"　adv"

she said; ⌊"I couldn't leave Louis (behind), and a dog is (always) ⌈a
S　V　　O2 s'1　　v'　　o'　　　adv'　　s'2　v'　adv'

fearful nuisance⌉ (in a foreign hotel), (besides all the fuss and
　　　c'　　　　adv'　　　　　　　　adv'

separation (of the quarantine restrictions) [when one comes back]).⌋
　　　　　　adj'　　　　　　　　　　　　adj'　　s"　　v"

Louis would die ⌊ if he was parted (from me) (for even a week)⌋.
　S　　　V　adv　s'　　v'　　　adv'　　　adv'

You don't know ⌊what that would mean (to me)⌋."
S　　　V　O　o'　s'　　　　v'　　adv'

・nuisance *(n)* 迷惑、邪魔物　・quarantine *(n)* 検疫、隔離　・restriction *(n)* 規制、拘束

解説

　l.1: be bent on ~ing は熟語で、「～することを決意している」の意。
　l.4: when one comes back は形容詞節として名詞句 all the fuss and separation を修飾しています。「人が戻るときのすべての騒動と別離」。

なお、前置詞 besides に始まる句を直訳すると「人が帰国するときの検疫規制のすべての騒動と別離に加えて」

試訳

「もしもウィーンに行くと決めているのなら、お一人で行ってらっしゃいよ」彼女は言った。「私はルイを置いては行けないし、犬は外国のホテルではいつもひどい邪魔物扱いをされるのよね、そのうえ帰国の時には検疫規制で大騒ぎになったり、隔離されたり。もしも私から一週間でも引き離されたら、ルイは死にますよ。そのことが私にとってどんな意味を持つか、あなたにはお分かりにならないんでしょう」

8

Lena <u>stooped</u> (down) and <u>kissed</u> the nose (of the diminutive brown
  S   V1   adv   V2   O   adj

Pomeranian [that <u>lay</u>, 「snug and irresponsive」, (beneath a shawl (on
           adj s' v'   c' 1   2   adv'   adj'

her lap))]).

- stoop *(vi)* 身をかがめる ・diminutive *(adj)* 小さい ・snug *(adj)* 暖かく快適な、こぢんまりした ・irresponsive *(adj)* 反応のない ・lap *(n)* 膝

解説

l.2: snug and irresponsive はどちらも形容詞ですが、完全自動詞 lie の後に動詞を修飾する副詞的に置かれています。このような形容詞の用法を準補語とも言い、本書では補語として扱います。

試訳

レナはかがみ込むと、膝に敷いたショールの下にちんまりと動かずに寝ている小さな茶色のポメラニアンの鼻面にキスをした。

9

["<u>Look</u> here,"] <u>said</u> Strudwarden, ["「this eternal Louis business」 <u>is</u>
  O1   int   V   S   O2   s'

<u>getting</u> [(to be) 「a ridiculous nuisance」].] Nothing can <u>be done</u>, no plans
 v'   c'   S1   V   S2

can <u>be made</u>, [without 「some veto」 [<u>connected</u> (with that animal's
　　　V　　adv　　　　　(s')　　adj'　/v"　　　adv"

whims or convenience)] <u>being imposed</u>]. [If you <u>were</u> a priest (in
　　　　　　　　　　　　/v'　　　　adv　s'　v'　　c'　adj'

attendance (on some African fetish))] you couldn't <u>set up</u> 「a more
　　　　　　　adj'　　　　　　　　　　　S　　　　　　　V

elaborate code (of restrictions)」. I <u>believe</u> ⌊you'd <u>ask</u> the Government
　　　　O　　　adj　　　　　　　S　V　　　O s'　 v'　　　　o'

⌊<u>to put off</u> 「a General Election」⌋ [if you <u>thought</u> ⌊ it would <u>interfere</u>
c'　/v"　　　　o"　　　　　　　adv' s"　　v"　　o" s'''　　　　v'''

(with Louis's comfort) (in any way)⌋⌋⌋."
 adv'''　　　　　　　　　adv'''

　・veto *(n)* 拒否　・whim *(n)* 気まぐれ　・fetish *(n)* 呪物、盲目的な崇拝　・set up [句動 *vt*]
　〜を設ける　・elaborate *(adj)* 手の込んだ、念入りな　・restriction *(n)* 制限
　・put off [句動 *vt*] 延期する　・interfere *(vi)* 邪魔をする

解説

l.1: Look here は間投詞で、「おい、ねえ」といった相手への呼びかけ語。非難や叱責の言葉の前置きとして使われます。

l.1-2: is getting to be a ridiculous nuisance の get は補語 C を取る自動詞「〜になる」。C は通例形容詞か過去分詞で、名詞を取る場合にはこの文のように間に to be、あるいは to become が挟まれます。

l.3-4: without some veto ... being imposed. は付帯状況を表す、前置詞 without つきの独立分詞構文。独立分詞構文は通常の分詞構文とは異なり、分詞の意味上の主語が構文の冒頭に示されている（主節の主語と一致しない）もの。「なんらかの拒否が差し挟まれることなしには」。また、意味上の主語は過去分詞句に修飾されています。

l.4-5: in attendance on 〜 は「〜の世話をする、付き添う」の意。

l.8: in any way は熟語で「何らかの方法で、多少なりとも、どんな形であれ」といった意味。

　最後の二文はどちらも現在の事実に反する仮定を表す仮定法過去の形式です。

試訳

「おいおい」ストラドウォーデンは言った。「この絶え間のないルイがらみの件は、ばかげた厄介ごとになってきているぞ。こいつの気まぐれかご都合に関する、なんらかの拒絶に会わないでは何にもできないし、どんな計画もたてられないなんて。もしも君がアフリカの呪術を執り行う祈祷師だったとしても、これ以上念入りなタブーの掟は定められないだろうよ。もし多少なりともルイの快適を乱すと考えようものなら、君は政府に総選挙の延期すら請願しかねないんじゃないか」

10

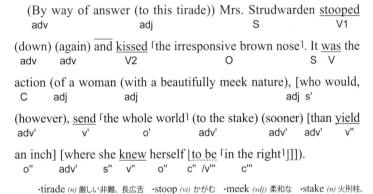

・tirade *(n)* 厳しい非難、長広舌　・stoop *(vi)* かがむ　・meek *(sdj)* 柔和な　・stake *(n)* 火刑柱、火あぶりの刑　・yield *(vt)* 明け渡す、放棄する

解説

l.1: By way of は熟語で「手段として、つもりで」の意。

l.3: who は関係代名詞で a woman に掛かりますが、解釈に当たってはコンマで一旦区切って読みます（継続用法）。

l.4-5: sooner than は「〜するよりはむしろ」。yield an inch は慣用表現で通例否定 not とともに用いられ「一歩も引かない」といった意味があります。直訳「一インチでも譲り渡すくらいならむしろ」

l.5: where she knew herself to be in the right. の where は副詞節を

分析と解説

導く接続詞「〜する場合には」。in the right は熟語で「道理がある、正しい」の意の形容詞句です。

試訳

　この長広舌への返答として、ストラドウォーデン夫人は再び身をかがめると、動かない茶色い鼻面にキスした。それはすばらしく柔和なたち女性らしい振る舞いだったが、しかし彼女は自分のほうが正しいと信じれば、一歩でも譲るよりむしろ全世界を火あぶりにすることも辞さない女だった。

11

⌊"It isn't ⌊as if you were (in the least bit) fond (of animals)⌋,"⌋
 O1 s' v'   c'   s"   v"   adv"   c"   adv"

went on Strudwarden, (with growing irritation); ⌊"[when we are
 V   S   adv   O2 adv' s" v"

down (at Kerryfield)] you won't stir a step [to take ⌈the house dogs⌉
 c"   adv"   s'1   v'   o' adv' /v"   o"

out], [even if they're dying for a run], and I don't think ⌊you've been
 adv'   s"   v"   o"   s'2 v' o' s"   v"

(in the stables) (twice in your life)⌋.⌋ You laugh at ⌊what you call the
   adv"   adv"   S1   V   O o' s' v'

fuss [that's being made (over the extermination (of plumage birds))]⌋,
 c'↙adj' s"   v"   adv"   adj"

and you are (quite) indignant (with me) [if I interfere (on behalf of
 S2   V   adv   C   adv   adv s' v'   adv'

⌈an ill-treated, over-driven animal⌉ (on the road))]. (And yet) you insist
               adj'   adv   adv   S   V

[on ⌈every one's plans⌉ being made subservient (to the convenience
 adv   (s')   /v'   c'   adv'

(of that stupid little morsel (of fur and selfishness)))]."
  adj'   adj'

・irritation (n) 苛立ち　・be dying for [句動 vt] 〜が欲しくてたまらない　・stable (n) 馬小屋

69

・extermination *(n)* 根絶、駆除　・plumage *(n)* 羽毛　・indignant *(adj)* 立腹した　・interfere *(vi)* 邪魔する、間に立って仲裁する　・behalf *(n)* 味方、支持　・over-driven *(adj)* 酷使された　・subservient *(adj)* 従属する、補助する　・morsel *(n)* 一片

解説

l.1: It isn't as if you were in the least bit fond of animals, は従属接続詞 as if「まるで～であるかのように」から始まる仮定法の節が補語となる SVC 型。It は漠然と状況を表わすもので、主語ではありますが特に訳出はしません。「(as if 以下)のようではない」。(in) the least bit は熟語で「ほんの少しでも」。

l.2-3: when we are down at Kerryfield の down は副詞の補語用法で、意味的には具体的に「下に、降りて」いるのではなく、「行って」いるくらいの意味です。「上京」などと同様、住んでいる場所から地方に向かう場合に down、都会に向かう場合 up を用います。

l.3: stir a step は熟語で「一歩でも動く」の意。*ex.* Stir a step, and you are a dead man.（一歩でも動くと命はないぞ）

l.5-6: You laugh at what you call the fuss の what は先行詞を含む関係代名詞で、句動詞 laugh at の目的語となる名詞節を導き、節中では目的語になります。関係詞節は SVOC 型で、「あなたはそれ(what)を大騒ぎと呼ぶ」。この文ではさらにこの後 fuss を先行詞とする関係代名詞 that が続き、関係詞節が二重になっています。

l.5-6: the fuss that's being made over the extermination of plumage birds は直訳すると「羽毛のある鳥の駆除を巡って引き起こされている大騒ぎ」ですが、詳細は不明、時事的な話題であったと思われます。文脈から判断すると、何らかの理由で行われた鳥の駆除への反対運動が盛り上がったというようなことでしょうか。

l.7: on behalf of は熟語で「～に代わって、のために」といった意味。

l.8-9: And yet you insist on every one's plans being made subservient... の And yet は熟語で、「それなのに、なおかつ」といった意味。every one's plans は insist on ~ing「～を強く主張する」の「～」の部分（動名詞を前置詞の目的語とする副詞句）に対する意味上の主語です。「(なのにあなたは) みんなの計画が ... に従属すること

を強く主張する」
試訳
「君はちっとも動物なんか好きではないようじゃないか」次第に苛立ちを募らせながら、ストラドウォーデンは続けた。「ケリーフィールドに行けば、君はそこの飼い犬たちが死ぬほど散歩に出たがっていても、自分で外に連れて行ってやろうとは決してしないし、馬小屋に入ったことだってこれまでの人生で二度もないだろう。君は鳥の駆除を巡って引き起こされた、君の言うところの『大騒ぎ』をあざ笑っていたし、もしもひどい扱いで酷使された路上の動物のために僕が仲裁にでも入ろうものなら、僕に対してひどく怒るじゃないか。なのに君は、皆の計画が、その馬鹿でちっぽけな、毛皮と身勝手のかたまりの都合の二の次にされるべきだと言い張るわけだ」

12

⌊"You are prejudiced (against my little Louis)," ⌋ said Lena, (with
O　s'　　v'　　　　　adv'　　　　　　　　　V　　S　　adv

a world (of tender regret) (in her voice)).
　　　　　　adj　　　　　adj

・prejudice *(vt)* 偏見を抱かせる　・tender *(adj)* 柔らかい、優しい　・regret *(n)* 遺憾、悲しみ

解説
l.1: a world of は慣用表現で「多大な、とてもたくさんの」の意。
試訳
「あなたは私のちっちゃなルイに偏見を持っているのよ」優しげな声に残念という気持ちをたっぷりと含ませながら、レナは言った。

13

⌊"I've (never) had ⌈the chance [of being anything (else) [but
O1 s'　adv'　　v'　　　　o'　　adj'　/v"　　c"　　adv"　adv"

prejudiced (against him)]]¹," ⌋ said Strudwarden; ⌊" I know ⌊what ⌈a
/v'"　　　　adv'"　　　　　　　　　V　　　S　　　　　O2 s'1 v'　o'

jolly responsive companion⌉ a doggie can be⌋, but I've (never) been
　　　　　　c"　　　　　　s"　　　　v"　　　s'2　　adv'

Louis

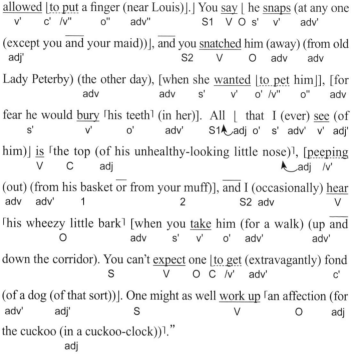

- prejudice *(vt)* 偏見を抱かせる ・responsive *(adj)* 反応の良い、共感しやすい ・snap *(vi)* パクッと噛みつく ・snatch *(vt)* ひったくる ・pet *(vt)* かわいがる ・peep *(vi)* (out, throughなど副詞句を伴って) ちらっと見える ・wheezy *(adj)* ゼイゼイ言う ・extravagantly *(adv)* 途方もなく、贅沢に ・work up [句動 *vt*] 〜をかきたてる、奮い起こす ・affection *(n)* 愛情、愛着

解説

l.1: I've never had the chance of being anything else but prejudiced against him, の but は副詞句を導く前置詞で、「〜以外」の意。prejudiced は受動態の過去分詞で、前置詞の目的語としては前に動名詞 being を補って考えると理解しやすくなります。

l.6-7: for fear は否定の内容を含む「目的」を表わす副詞節を導く表現で「〜が〜しないように、するといけないから」

l.12: might as well は仮定法の比較構文で、「(実際はしないが) 〜する方がましだ」の意。

試訳

「僕はこれまでルイに対しては、偏見を抱かされること以外に何かできる機会は一度もなかったよ。犬がどんなに愉しい、心のかよう仲間になれるかは知っている、けれど僕はこれまでルイのそばに指を置くことすら許されたことがない。君とお手伝いさん以外は誰にでも噛みつくとか言って、この前はルイを可愛がろうとした老ピートービー卿夫人から彼をひったくったろう、歯を立てるといけないからって。僕が今までに見たことがあるのは、かごか君のマフからちょっとだけ覗いている、彼の不健康そうな小さな鼻の先だけだし、それと時々、君が廊下を行ったり来たりして彼を散歩させているときに、ゼイゼイいうような小さな吠え声が聞こえるだけだ。そんなタイプの犬をすごく好きになるなんて、君は人に期待できないよ。カッコー時計のカッコーに愛情を注いだ方がまだましだ」

14

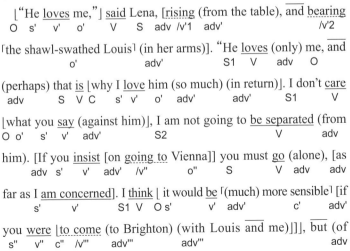

course) you must <u>please</u> yourself."
　　　　　　　　S2　　　　V　　　O

・swathe *(vt)* (包帯、布などに) 包む　・sensible *(adj)* 分別のある、賢明な

解説

l.5-6: as far as A is concerned は従属接続詞 as far as「〜の限りでは」が副詞節を導く比較構文の表現で、「A に関する限り」の意。as far as I am concerned は自分の意見を述べる際の表現で、「私に関する限り、私の意見では」。

l.6-7:「If S were to + 動詞の原形」は未来のことを表す仮定法の表現。「もし〜するようなことがあれば」。未来の予定や取り決めを表す be to は助動詞的に働きます。

試訳

「彼は私を愛しているのよ」テーブルから立ち上がり、ショールにくるんだルイを両手で抱えながらレナは言った。「私だけを愛しているの、もしかしたら私がお返しに彼をとても愛する理由はそれなのかも。私はあなたが彼を悪く言っても気にしないし、彼と引き離されるつもりもありません。もしあなたがウィーンに行くと言い張るのなら、言わせていただきますけど、お一人でいらっしゃることね。もしルイや私と一緒にブライトンにいらっしゃるならその方がずっと賢明だと思いますけど、もちろん、あなたのお好きになさって」

15

⌊"You must <u>get rid of</u>「that dog」," ⌋ said「Strudwarden's sister」[when Lena <u>had left</u> the room]; ⌊"it must <u>be helped</u> (to some sudden and merciful end).⌋ Lena <u>is</u> (merely) <u>making use of</u> it (as an instrument [for <u>getting</u>「her own way」(on dozens of occasions [when she would (otherwise) <u>be obliged</u> ⌊<u>to yield</u> (gracefully) (to your wishes or to the

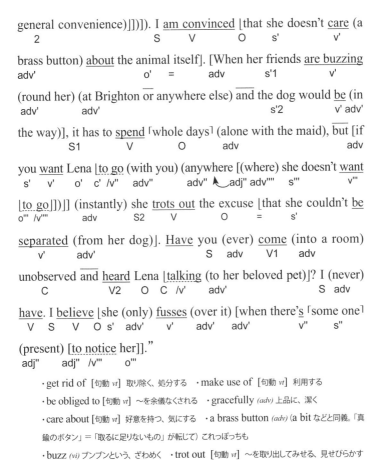

- get rid of [句動 vt] 取り除く、処分する ・make use of [句動 vt] 利用する
- be obliged to [句動 vt] ～を余儀なくされる ・gracefully (adv) 上品に、潔く
- care about [句動 vt] 好意を持つ、気にする ・a brass button (adv) (a bit などと同義。「真鍮のボタン」＝「取るに足りないもの」が転じて) これっぽっちも
- buzz (vi) ブンブンという、ざわめく ・trot out [句動 vt] ～を取り出してみせる、見せびらかす

解説

l.2: it must be helped to some sudden and merciful end. の it は Louis のこと。help は助けるというより「促進する」というような意。「それはなにか突然の安楽死といった方向に導かれなければいけない」

l.4: get (have) one's own way は熟語で「自分の思い通りにする」の意。

l.8-9: be in the way は熟語で「邪魔になる」の意。

Louis

l.13-14: I never have. の have は過去分詞を受ける完了形の助動詞。前文の come と heard を受けますが、重複を避け省略されています。

試訳

「あの犬は始末しないといけないわ」レナが部屋から出て行くと、ストラドウォーデンの妹は言った。「なにか突然の安楽死といった方向に導いてやらないと。レナは単にあれを、もしそうでなければあなたの希望や全員の都合におとなしく従わなきゃならないたくさんの機会に、自分の思い通りに物事を進ませるための道具として、利用しているだけなのよ。彼女があの動物そのものにはこれっぽっちも愛情なんて持ってないことは確かだわ。ブライトンでもほかのどこでも、友達が彼女を取り巻いてがやがやっているとき、犬が邪魔になると、あの犬は何日もお手伝いさんと二人きりでいさせられてるのよ、なのに、もしもあなたがレナを彼女の行きたくないどこかへ連れて行こうとすると、彼女はすぐにあの犬とは離れられないっていう言い訳を持ち出してくるじゃない。これまで気付かれずに部屋に入っていって、レナが愛するペットに話しかけているのを見たことある？　私はないわ。彼女のことを見ている誰かがその場にいるときにだけ、犬のことで大騒ぎしてみせるんだと私は思うわ」

16

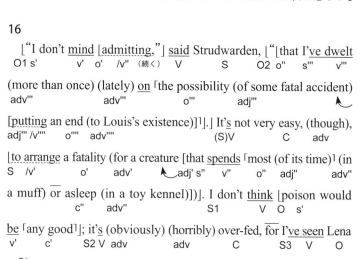

⌊offer it dainties (at table) (sometimes)⌋, but it (never) seems ⌊to eat
 C /v' io' do'   adv'   adv'   S4 adv   V   C /v'

them⌋."
  o'

・dwell on [句動 *vt*] 〜をくよくよ考える　・fatality *(n)* 不慮の死、死亡事故
・dainties *(n)* 美味しいもの

解説

l.1: I don't mind admitting の admitting は動名詞で「認めること」。準動詞として目的語を受けていますが、目的語の that 節は間に直接話法の伝達部 said Strudwarden をまたいだ形で続いています。

l.5: asleep は叙述用法の形容詞で、that (creature) の補語になります。本来補語を取らない完全他動詞 spend の導く SVO 型に、主格補語に相当する語句がついた特殊な SVOC 型の例です。

l.6: be any good は熟語で「いくらかでも役に立つ」の意。

試訳

「認めるにやぶさかではないんだが」ストラドウォーデンは言った。「近ごろ一度ならず、ルイの存在に終止符を打つなにか致命的な事故の可能性をあれこれ考えてみたことがあるんだ。でも、ほとんどの時間をマフの中で過ごすか、おもちゃの犬小屋で寝ている生き物に不慮の死をお膳立てするのは、簡単なことではないね。毒がいくらかでも役に立つとは思わないんだ、あいつは明らかにひどく食い過ぎている、というのも僕は時々レナが食卓であれに美味しいものをやるのを見たことがあるんだが、あいつは決してそれらを食わないようだからね」

17

⌊"Lena will be away (at church) (on Wednesday morning),"⌋ said
O1   s'   v' c'   adv'   adv'   V

⌈Elsie Strudwarden⌉ (reflectively); ⌊"she can't take Louis (with her)
      S   adv   O2 s'1   v'   o'   adv'

(there), and she is going on (to the Dellings) (for lunch).⌋ That will
 adv'   s'2   v'   adv'   adv'   S

give you「several hours」[(in which) to carry out「your purpose」].
 V   iO   dO   adj   adv'   /v'   o'

The maid will be flirting (with the chauffeur) (most of the time), and,
     S1   V   adv   adv

(anyhow), I can manage ⌊to keep her「out of the way」(on some
 adv   S2   V   /v'   o'   c'   adv'

pretext or other)⌋."

・reflectively *(adv)* 思案にふけって ・go on [句動 *vi*]（先へ）進む、続ける ・carry out
[句動 *vt*] 実行する ・flirt *(vi)* いちゃつく、浮気をする ・chauffeur *(n)* お抱え運転手
・manage *(vt)* うまく〜する、何とかやり遂げる ・pretext *(n)* 口実

解説

l.4: ..hours in which to carry out your purpose は「先行詞＋前置詞＋関係詞＋to 不定詞」の形で、関係詞が節ではなく句を導いている例です。to 不定詞の形容詞的用法..hours to carry out your purpose in（修飾される語 hours が不定詞句中の前置詞の目的語になっている）の、末尾の in が本来隣接するはずの被修飾語から遠くなっていて収まりが悪いため、関係代名詞を用いて近くに移動したものです。従って内容的には to 不定詞の形容詞的用法と同様に解釈します。

l.6: out of the way は熟語で「邪魔にならないように」の意。her の目的格補語となる副詞句です。

試訳

「レナは水曜の朝は教会に出かけて留守になるわ」エルジー・ストラドウォーデンは考え深げに言った。「あそこにはルイを連れていけないから。それに続けてデリング家に昼食を呼ばれに行くわ。その間に目的を実行できるだけの何時間かが持てるでしょう。お手伝いさんはたいていの場合お抱え運転手といちゃついているし、それに、いずれにせよ、私がなにか口実を使って、うまく彼女を邪魔にならないようにできる」

18

⌊"That leaves the field clear,"⌋ said Strudwarden, ⌊"but (unfortunately)
 O1 s'   v'   o'   c'   V   S   O2   adv'

my brain is (equally) a blank [as far as「any lethal project」is concerned].」
　s'　v'　adv'　　　　　　c'　adv'　　　　　　　s"　　　　v"

「The little beast」is (so) (monstrously) inactive; I can't pretend [that
　　　　S　　V　adv　　adv　　　　　　C　　S　　　V　　O1

it leapt (into the bath) and drowned itself], or [that it took on「the
s' v'1　　adv'　　　　　　　v'2　　o'　　O2　s' v'1　　o'

butcher's mastiff」(in unequal combat) and got chewed up. (In what
　　　　　　　　　　　adv'　　　　　　　　v'2　c'　　adv

possible guise) could death come (to a confirmed basket-dweller)?
　　　　　　　　　　　　S　　V　adv

It would be (too) suspicious [if we invented「a Suffragette raid」and
S　　V　adv　　　C　　　adv s'　v'1　　　　o'

pretended [that they invaded「Lena's boudoir」and threw a brick (at
v'2　　　o'　　s"　 v"1　　　　o"　　　　　v"2　　o" adv"

him)]]. We should have to do「a lot of other damage」(as well), [which
　　　　S1　　　　　V　　　　　O　　　　　　　adv　　adj s'

would be (rather) a nuisance], and the servants would think it odd
v'　adv'　　　c'　　　　S2　　　　　　　　V　(O)　C

[that they had seen「nothing (of the invaders)」]."
O　s'　　v'　　o'　　　adj'

・monstrously *(adv)* 怪物的に、ひどく、途方もなく　・take on [句動 *vt*] 挑戦する、引き受ける
・mastiff *(n)* マスチフ犬。英国原産の護身用大型犬　・chew up *(vt)* 噛み砕く　・guise *(n)* 見せかけ、口実　・confirmed *(adj)* 常習的な、慢性の　・suffragette *(n)* 婦人参政権論者（集団で過激な行動に走りがちだったことから、多くの作品で Saki の揶揄の対象になっている）
・boudoir *(n)* 女性の私室　・nuisance *(n)* 迷惑なこと

解説

l.5: got chewed up の get は形容詞または形容詞化した過去分詞を補語に受ける自動詞「〜（の状態）になる」で、句動詞 chew up の過去分詞形を受けています。「噛み砕かれた」。be 動詞の代わりに get を用いた受動態とみることも可能。

l.9-10: should, would は前文（*l.7*）に引き続き、仮定法の表現。

l.10: the servants would think it odd that they had seen nothing of the invaders. は SVOC 型の文で、it は目的語 O にあたる that 節を代行する仮目的語です。

試訳

「それなら邪魔になるものはなくなるわけだ」ストラドウォーデンは言った。「でも残念ながら、殺害計画に関する限り、僕の頭の中は相変わらず真っ白だよ。あの小さなけだものは恐ろしく不活発なんだ。あいつが風呂に飛び込んで溺れてしまったとか、肉屋のマスチフ犬に勝ち目のない戦いを挑んで嚙み砕かれてしまったとか、そんな取りつくろいかたはできないよ。どんな口実をこしらえたなら、ずっとバスケットの中にこもっているやつを死なせることができるだろう? もしも僕らが婦人参政権論者たちの襲撃をでっち上げて、彼女らがレナの寝室に侵入し、彼にレンガを投げつけたと言ってもあまりに怪しいだろう。そのうえ他にたくさんの襲撃の痕を残さねばならないだろうが、それはかなり迷惑なことになるだろう。それに召使い連中も襲撃者たちを見なかったことを奇妙に思うだろうし」

19

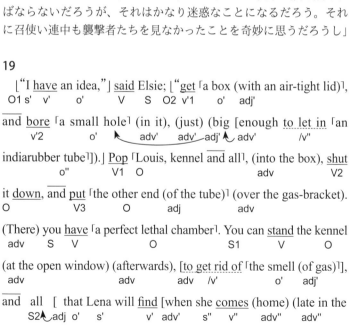

afternoon)]] will be 「a placidly defunct Louis」."
　　　　　　　　　　V　　　　　C

・air-tight *(adj)* 気密の　・bore *(vt)* (きりなどで) 穴を開ける　・lid *(n)* ふた
・let in [句動 *vt*] 中に入れる　・indiarubber *(n)* 天然ゴム　・pop *(vt)* ぽんと置く、入れる
・get rid of [句動 *vt*] 取り除く　・placidly *(adv)* 穏やかに　・defunct *(adj)* 死んだ、消滅した

解説

l.2: A enough to do は程度を表す不定詞の慣用副詞構文。「〜できるくらい A」。

試訳

「いいアイデアがあるわ」エルジーは言った。「密閉できるふたのついた箱を手に入れるのよ。それに、ちょうどゴム管を差し込めるだけの小さい穴を開けるの。その中にルイを、犬小屋ごと、放り込んで、ふたを閉じる。それからゴム管のもう一方のはしをガス栓につなぐ。これで完璧な処刑室のできあがり。ガスの臭いを取り除くには、そのあと犬小屋を開いた窓のところに立てかけておけばいい。そして午後遅くレナが戻ってきて見つけるものは、安らかにお亡くなりになったルイ、というわけよ」

20

["Novels have been written (about women (like you)),"] said
O1　　s'　　　　v'　　　　　　adv'　　　　adj'　　　　　V
Strudwarden; ["you have 「a perfectly criminal mind」.] Let's come
　　S　　　　　　O2 s'　v'　　　　　　o'　　　　　　　　V　O　C1
and [look for a box]."
　C2　 /v'　　o'

解説

l.2: Let's come and look for a box. は形式的には SVOC 型の命令文。使役動詞 let に応じ、補語は原型不定詞になっています。come and look の and は to と置き換えられる英式の表現で come to look と同義。

試訳

「小説にはよく君みたいな女のことが書かれているよ」ストラドウ

21

(Two mornings later) the conspirators <u>stood</u> gazing (guiltily) (at a
 adv   S   V C adv   adv

stout square box, [<u>connected</u> (with the gas-bracket) (by a length of
      ↖adj /v'   adv'   adv'

indiarubber tubing)]).

- conspirator *(n)* 共謀者 ・guiltily *(adv)* 気まずそうに、やましい気持ちで
- stout *(adj)* 頑丈な、どっしりした

解説

l.2: a length of indiarubber tubing は前段落の an indiarubber tube と同じものを指しますが、tube「管」が可算名詞なのに対し tubing「管形のもの、管類」は不可算名詞です。冠詞や数詞を直接つけることができないため、一本を示すのに a length of という表現が用いられています（a cup of tea などと同様の表現）。やや持って回った表現を用いることでおかしみを出そうとしたものと思われます。

試訳

 二日後の朝、共謀者たちは、一本のゴム管でガス栓につながれた頑丈な四角い箱を、後ろめたそうにじっと見つめながら立っていた。

22

|"Not a sound,"| <u>said</u> Elsie; |"he (never) <u>stirred</u>; it must <u>have been</u>
O1   s' V S O2 s' adv' v' s'   v'

(quite) painless.| (All the same) I <u>feel</u> (rather) horrid [now it'<u>s done</u>]."
 adv' c'   adv   S V adv C adv s' v'

解説

l.1: Not a sound. は Not a sound was heard. の省略された形。また、No sound よりも強意的な表現です。「物音一つ聞こえなかった」

l.2: All the same は成句で「にもかかわらず、やはり」の意。

l.2: now it's done の now は原因・理由の副詞節を導く従属接続詞で、now that の形でよく使われるものです。「今はもう〜だから、〜である以上」

試訳

「物音一つ聞こえなかった」エルジーは言った。「身動きもしなかった、全く苦痛はなかったに違いないわ。それでもやっぱり、終わってしまうと、ちょっといやな感じね」

23

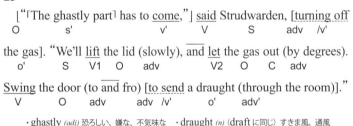

・ghastly *(adj)* 恐ろしい、嫌な、不気味な　・draught *(n)* (draftに同じ) すきま風、通風

解説

l.2: by degrees は熟語で「次第に、徐々に、少しずつ」の意。
l.3: to and fro は熟語で「あちらこちらへ、行ったり来たり」の意。

試訳

「これから恐ろしい場面にかからなきゃいけないよ」ガス栓を閉めながら、ストラドウォーデンは言った。「ゆっくりふたを開けて、徐々にガスを抜こう。部屋の中に風を送るために、ドアを開けたり閉めたりしてくれ」

24

(Some minutes later), [when the fumes had rushed off], he stooped
　adv　　　　　　　　　　　adv　　　s'　　　　v'　　　　S　　V1

(down) and lifted out「the little kennel (with its grim burden)」. Elsie
　adv　　　　V2　　　　　　　O　　　　　　　　adj　　　　　　　　　S

gave「an exclamation (of terror)」. Louis sat (at the door (of his
　V　　　　　　O　　　　　　adj　　　　　S　　V　　adv　　　　　adj

83

dwelling)), [head erect and ears pricked], (as) ⌈(coldly and defiantly)
                adv (s'1)   c'   (s'2)   /v'   adv   adv

inert] [as [when they had put him (into his execution chamber)]].
  C   adv adv'   s"   v"   o"   adv"

Strudwarden dropped the kennel (with a jerk), and stared (for a long
    S   V1   O   adv   V2   adv

moment) (at the miracle-dog); (then) he went into ⌈a peal (of chattering
 adv   adv   adv S   V   O   adj

laughter)].

・fume *(n)* ガス、臭い ・rush off [句動 *vi*] 急いで出ていく ・lift out [句動 *vt*] 掬い上げる、つり出す ・grim *(adj)* 気味の悪い ・exclamation *(n)* 叫び、感嘆 ・prick *(vt)* 刺す、(耳を)ぴんと立てる ・defiantly *(adv)* 挑戦的に、ふてくされて ・jerk *(n)* 急に動くこと ・go into [句動 *vi*] 〜に入る、〜の状態になる ・peal *(n)* 響き、とどろき ・chatter *(vi)* うるさく喋る

解説

l.4: head erect and ears pricked は共に being が省略された付帯状況「〜しながら」の独立分詞構文が二つ and で併置されたものです。直訳「頭はもたげ、耳はぴんと立てられながら」

l.4-5: as coldly and defiantly inert as when they had put him into his execution chamber. は同等比較 as A as B「B と同じくらい A」の構文。最初の as は副詞、次の as は従属接続詞で、続く when 節は本来 as の後に省略された s'+v'(he was) を修飾する副詞節となります。

l.6: with a jerk は熟語で、「ぎょっとして、ぐいっと、がたんと」といったように、副詞的に「急に動く」動作を表します。

試訳

　数分後、ガスの臭いが抜けきると、彼はかがみ込んで、気味の悪い荷物の入った小さな犬小屋を持ち上げた。エルジーは恐怖の叫びをあげた。彼らが処刑室に入れたときと同じく、頭を上げ、耳をぴんと立てながら、冷ややかにふてくされたように、ルイは身じろぎもせず、彼の住まいの入り口に座っていた。ストラドウォーデンはぎょっとして犬小屋を落とし、長い間、奇跡の犬をじっと見つめた。それから彼はけたたましい声をあげて笑いだした。

25

It <u>was</u> (certainly) 「a wonderful imitation (of a truculent-looking
　S1　V　　adv　　　　　　　　C　　　　　　　adj

toy Pomeranian)」, and the apparatus [that <u>gave forth</u> 「a wheezy bark」
　　　　　　　　　　　　　S2　↳adj s'　　v'　　　　　　o'

[when you <u>pressed</u> it]] <u>had</u> (materially) <u>helped</u> the imposition [that
adv'　s"　　v"　　　o"　　adv　　　　　　　V　　　　　O　↳adj o'

「Lena, and Lena's maid,」 <u>had foisted</u> (on the household)]. (For a
　s'　　　　　　　　　　　　　　v'　　　　　adv'　　　　　　　adv

woman [who <u>disliked</u> animals, but <u>liked</u> ⌊<u>getting</u> 「her own way」
　　　↳adj s'　　v'1　　　o'　　　　v'2　o' /v"　　　o"

(under a halo (of unselfishness))」]), Mrs. Strudwarden <u>had managed</u>
adv"　　　　adj"　　　　　　　　　　　　　　S　　　　　　　　V

(rather well).
 adv

- truculent *(adj)* どう猛な ・apparatus *(n)* 器具、装置 ・give forth [句動 *vt*] (音、においなどを) 発する ・materially *(adv)* 大いに、実質的に ・imposition *(n)* 詐欺、押しつけ
- foist *(vt)* 押しつける、つかませる ・halo *(n)* 後光 ・unselfishness *(n)* 利他的なこと

解説

l.1: ここでの certainly は強意語。「じつに、まったく」

試訳

それはまったくもって見事に模造された、どう猛な面構えのおもちゃのポメラニアンだった。そして、それを押したときにぜいぜいと吠え声を発する仕掛けは、レナとそのメイドが家族をペテンにかけるのに大いに役立っていた。動物が嫌いで、しかし献身的行為の後光のもとに物事を自分の思い通りにしたいと思う女性として、ストラドウォーデン夫人はかなりうまくやってのけていたのだった。

26

⌊"Louis <u>is</u> dead,"」 <u>was</u> 「the curt information」 [that <u>greeted</u> Lena
S　s'　v'　c'　　　　V　　　　　　C　　　　　↳adj s'　　v'　　o'

(on her return (from her luncheon party))].
 adv'   adj'

・curt *(adj)* 素っ気ない、簡潔な

試訳

「ルイは死んだよ」というのが、昼食会から戻ったレナを出迎えた素っ気ない知らせだった。

27

["Louis *dead*!"] she exclaimed.
 O s'   adj'   S V

解説

Louis dead. というのはおかしな言いまわしですが、レナの狼狽ぶりを表しているのでしょう。

試訳

「ルイ、死んだ！」彼女は叫んだ。

28

"Yes, he flew at the butcher-boy and bit him, and he bit me, (too),
   S1 V1   O   V2 O S2 V O adv

[when I tried [to get him off]], so I had to have him destroyed. You
adv s' v' o' /v" o"   S3   V O C S1

warned me [that he snapped], but you didn't tell me [that he was
  V iO dO s' v'   S2   V iO dO s' v'

(downright) dangerous]. I shall have to pay the boy 「something
  adv'   c' S1   V iO   dO

heavy」 (by way of compensation), so you will have to go without
  adv   S2   V

「those buckles」 [that you wanted [to have] (for Easter)]; (also) I shall
  O   adj o" s' v' o' /v" adv'   adv S1

have to go (to Vienna) [to consult Dr. Schroeder, [who is 「a specialist
  V adv   adv /v' o'   adj' s" v" c"

(on dog-bites)¹], and you will have to come (too). I have sent [what
 adj"   S2   V   adv   S   V   O s'

remains (of Louis)| (to Rowland Ward) [to be stuffed]; that will be
 v'   adv'   adv   adv   S   V

「my Easter gift (to you)¹ (instead of the buckles). (For Heaven's sake),
  C   adj   adv   int

Lena, weep, [if you (really) feel it (so much)]; anything would be
      V   adv s' adv'   v' o' adv'   S   V

better [than standing (there) [staring [as if you thought | I had lost
 C   adv   /v'   adv'   /v"   adv' adv" s'"   v'" o'" s"" v""

「my reason¹]]]]."
 o""

・fly at [句動 *vi*] 飛びかかる ・get off [句動 *vt*] 取り除く、離す ・downright *(adv)* 全く、
徹底的に ・compensation *(n)* 埋め合わせ、賠償 ・go without [句動 *vt*] なしで済ます

・buckle *(n)* 飾り留め金 ・Rowland Ward *(n)* ローランド・ウォード。剥製師、出版業者
(1848–1912)と、剥製と狩りに関する出版を行う同名の企業。

解説

l.2: I had to have him destroyed. の have は使役動詞。「have+ 目的語
O+ 過去分詞」の形で「O を〜してもらう」の意。

l.8-9: what remains of Louis の what は先行詞を含む関係代名詞で
the thing which に置き換えられます。remain は動詞で、of を伴い「(〜
のうち)残っている、残存する」という意味。直訳すると「ルイの
残っているもの」で、ルイの死骸をさしています。

l.10: For Heaven's sake は懇願や感嘆を表す慣用表現で、「お願い
だから」といった意味。

l.11-13: anything would be better than standing there staring as if you
thought I had lost my reason. は SVC 型に修飾語句が何層にも重なっ
ている文です。anything would be better「何でもましだろう」に続く
than はここでは副詞句を導く前置詞で、standing は動名詞「(そこに)
立っていること(よりは)」。staring 以下は standing を修飾する分詞
構文「見つめながら」。as if は staring を修飾する副詞節を導く従属

接続詞「まるで〜のように」で、SVO型の節が続きますが、その目的語 O もまた SVO 型の名詞節になっています「まるで私が理性を失ってしまったと君が考えているかのように」。
試訳
「そう、あいつは肉屋の小僧に飛びかかって、噛みついたんだ。おまけに僕が引き離そうとすると、僕にまで噛みついた。だから彼を殺してもらうしかなかったんだ。君はあいつが噛みつくって僕に警告してはいたが、ああも徹底的に危険だとは言わなかったね。小僧には賠償金としてかなりの額を支払わなくてはならないだろう、だから君はイースターにほしがっていた飾り留め金はなしで済まさなきゃいけないよ。それに僕は犬の噛み傷の専門家のシュレーダー博士に診てもらいにウィーンへ行かなければならないだろう、だから君も一緒に来ないといけない。ルイの遺体は剥製にしてもらいにローランド・ウォードに送ったよ、それが、飾り留め金の代わりの、君へのイースターの贈り物になるだろう。お願いだから、レナ、本当にあいつをそんなに思ってやっているのなら、泣きなさい。なんにせよ、まるで僕が正気を失ってしまったとでも思っているみたいに見つめながら、そこに突っ立っているのよりはましだろう」

29

「Lena Strudwarden」 did not weep, but 「her attempt (at laughing)」
  S1   V   S2   adj

was 「an unmistakable failure」.
 V   C

試訳
 レナ・ストラドウォーデンは泣かなかった。しかし、笑おうとした彼女の試みは、まぎれもない失敗に終わった。

ルイ

「今年はイースターをウィーンで過ごして、そこの旧友たちを訪ねたら楽しいだろうね」ストラドウォーデンは言った。「僕の知る限り、ウィーンはイースターを過ごすには多分いちばん楽しいところだよ——」
「イースターはブライトンで過ごすことに決めていたと思うけど」不満げな驚きをあらわして、レナ・ストラドウォーデンは遮った。
「イースターをそこで過ごすんだって、君が決めていたということだろう」夫は言った。「僕らは去年のイースターをそこで過ごしたし、おまけに聖霊降臨節もそこで過ごした。一昨年はワージングで、その前はまたブライトンだ。一度思い切って場所を変えてみるのもいいことじゃないかと思うよ」
「ウィーンに行くとなるとすごくお金がかかるわ」レナは言った。
「君はたいてい家計のことなど気にしないじゃないか」ストラドウォーデンは言った。「それにともかく、ウィーン行きはブライトンで僕らが全くどうでもいいような知り合いのために開く無意味な昼食会よりお金はかからないよ。ああいった連中から逃れられるなら、それ自体が祝日だね」

ストラドウォーデンは実感をこめて言った。レナ・ストラドウォーデンも、その特別な話題に際しては、同じく感情のこもった沈黙を守った。ブライトンやその他の南海岸のリゾート地で、彼女がお取り巻きにしている連中というのは、彼ら自身は退屈で無価値かもしれないが、しかしストラドウォーデン夫人のご機嫌を取り結ぶ術にはたけている人々から成り立っていた。彼らとの交際や彼らの忠誠心を断念して、異国の首都で彼女の価値のわからない赤の他人たちの間に我が身を投じるつもりなど、彼女にはなかった。
「もしもウィーンに行くと決めているのなら、お一人で行ってらっしゃいよ」彼女は言った。「私はルイを置いては行けないし、犬は外国

のホテルではいつもひどい邪魔物扱いをされるのよね、そのうえ帰国の時には検疫規制で大騒ぎになったり、隔離されたり。もしも私から一週間でも引き離されたら、ルイは死にますよ。そのことが私にとってどんな意味を持つか、あなたにはお分かりにならないんでしょう」
　レナはかがみ込むと、膝に敷いたショールの下にちんまりと動かずに寝ている小さな茶色のポメラニアンの鼻面にキスをした。
「おいおい」ストラドウォーデンは言った。「この果てしないルイがらみの件は、ばかげた厄介ごとになってきているぞ。こいつの気まぐれかご都合に関する、なんらかの拒絶に会わないでは何にもできないし、どんな計画もたてられないなんて。もしも君がアフリカの呪術を執り行う祈祷師だったとしても、これ以上念入りなタブーの掟は定められないだろうよ。もし多少なりともルイの快適を乱すと君が考えようものなら、政府に総選挙の延期すら請願しかねないんじゃないか」
　この長広舌への返答として、ストラドウォーデン夫人は再び身をかがめると、反応のない茶色い鼻面にキスした。それはすばらしく柔和なたちの女性らしい振る舞いだったが、しかし彼女は自分のほうが正しいと信じれば、一歩でも譲るよりむしろ全世界を火あぶりにすることも辞さない女だった。
「君はちっとも動物なんか好きではないようじゃないか」次第に苛立ちを募らせながら、ストラドウォーデンは続けた。「ケリーフィールドに行けば、君はそこの飼い犬たちが死ぬほど散歩に出たがっていても、自分で外に連れて行ってやろうとは決してしないし、馬小屋に入ったことだってこれまでの人生で二度もないだろう。君は鳥の駆除を巡って引き起こされた、君の言うところの『大騒ぎ』をあざ笑っていたし、もしもひどい扱いでこき使われた道ばたの動物のために僕が口出しでもしようものなら、僕に対してひどく怒るじゃないか。なのに君は、あらゆる人の計画が、その馬鹿でちっぽけな、毛皮と身勝手のかたまりの都合の二の次にされるべきだと言い張るわけだ」
「あなたは私のちっちゃなルイに偏見を持っているのよ」優しげな声に残念という気持ちをたっぷりと含ませながら、レナは言った。
「僕はこれまでルイに対しては、偏見を抱かされること以外には何の

機会も持てなかったよ。犬がどんなに愉しい、心のかよう仲間になれるかは知っている、けれど僕はこれまでルイのそばに指を置くことすら許されたことがない。君とお手伝いさん以外は誰にでも噛みつくとか言って、この前はルイを可愛がろうとした老ピータービー卿夫人から彼をひったくったろう、歯を立てるといけないからって。僕が今までに見たことがあるのは、かごか君のマフからちょっとだけ覗いている、彼の不健康そうな小さな鼻の先だけだし、それと時々、君が廊下を行ったり来たりして彼を散歩させているときに、ゼイゼイいうような小さな吠え声が聞こえるだけだ。そんなタイプの犬をすごく好きになるなんて人に期待するのは無理だよ。カッコー時計のカッコーに愛情を注いだ方がまだましだ」
「彼は私を愛しているのよ」テーブルから立ち上がり、ショールにくるんだルイを両手で抱えながらレナは言った。「私だけを愛しているの、もしかしたら私がお返しに彼をとても愛する理由はそれなのかも。私はあなたがルイのことをどんなに悪く言っても気にしないし、彼と引き離されるつもりもありません。もしあなたがウィーンに行くと言い張るのなら、言わせていただきますけど、お一人でいらっしゃることね。もしルイや私と一緒にブライトンにいらっしゃるならその方がずっと賢明だと思いますけど、もちろん、あなたのお好きになさって」
「あの犬は始末しないといけないわ」レナが部屋から出て行くと、ストラドウォーデンの妹は言った。「なにか突然の安楽死といった方向へ運んでやらないと。レナは単にあれを、自分の思い通りに物事を進ませるための道具として利用しているだけなのよ。さもなければあなたの意向やみんなの都合におとなしく従わなきゃならなくなる場合がたくさんあるから。彼女があの動物そのものにはこれっぽっちも愛情なんて持ってないことは確かだわ。ブライトンでもほかのどこでも、友達が彼女を取り巻いてがやがややっているとき、犬が邪魔になると、あの犬は何日もお手伝いさんと二人きりでいさせられてるのよ、なのに、もしもあなたがレナを彼女の行きたくないどこかへ連れていこうとすると、彼女はすぐにあの犬とは離れられないっていう言い訳を持ち出してくるじゃない。これまで気付かれずに部屋に入っていっ

て、レナが愛するペットに話しかけているのを見たことある？　私は
ないわ。彼女のことを見ている誰かがその場にいるときにだけ、犬の
ことで大騒ぎしてみせるんだと私は思うわ」
「認めるにやぶさかではないんだが」ストラドウォーデンは言った。
「近ごろ一度ならず、ルイの存在に終止符を打つなにか致命的な事故
の可能性をあれこれ考えてみたことがあるんだ。でも、ほとんどの時
間をマフの中で過ごすか、おもちゃの犬小屋で寝ている生き物に不慮
の死をお膳立てするのは、簡単なことではないね。毒はいくらも役に
立たないと思うんだ、あいつは明らかにひどく食い過ぎている、とい
うのも僕は時々レナが食卓であれに美味しいものをやるのを見たこと
があるんだが、あいつは決してそれらを食わないようだからね」
「レナは水曜の朝は教会に出かけて留守になるわ」エルジー・ストラ
ドウォーデンは考え深げに言った。「あそこにはルイを連れていけな
いから。それに続けてデリング家に昼食を呼ばれに行くわ。それで何
時間かはあなたの目的を実行に移すために使える。お手伝いさんはた
いていの場合お抱え運転手といちゃついているし、それに、いずれに
せよ、私がなにか口実を使って、うまく彼女を邪魔にならないように
できる」
「それなら邪魔になるものはなくなるわけだ」ストラドウォーデンは
言った。「でも残念ながら、殺害計画に関する限り、僕の頭の中は相
変わらず真っ白だよ。あの小さなけだものは恐ろしく不活発なんだ。
あいつが風呂に飛び込んで溺れてしまったとか、肉屋のマスチフ犬に
勝ち目のない戦いを挑んで噛み砕かれてしまったとか、そんなふうに
見せかけることはできないよ。どんな口実をこしらえたなら、ずっと
バスケットの中にこもっているやつを死なせることができるだろう？
もしも僕らが婦人参政権論者たちの襲撃をでっち上げて、彼女らがレ
ナの寝室に侵入し、彼にレンガを投げつけたと言ってもあまりに怪し
いだろう。そのうえ他にたくさんの襲撃の痕を残さねばならないだろ
うが、それはかなり面倒なことになるだろう。それに召使い連中も襲
撃者たちを見なかったことを奇妙に思うだろうし」
「いいアイデアがあるわ」エルジーは言った。「密閉できるふたのつ

いた箱を手に入れるのよ。それに、ちょうどゴム管を差し込めるだけの小さい穴を開けるの。その中にルイを、犬小屋ごと、放り込んで、ふたを閉じる。それからゴム管のもう一方のはしをガス栓につなぐ。これで完璧な処刑室のできあがり。ガスの臭いを取り除くには、そのあと犬小屋を開いた窓のところに立てかけておけばいい。そして午後遅くレナが戻ってきて見つけるものは、安らかにお亡くなりになったルイ、というわけよ」
「小説にはよく君みたいな女のことが出てくるよ」ストラドウォーデンは言った。「申し分ない犯罪者の素質があるね。さあ箱を探すとしよう」

　二日後の朝、共謀者たちは、一本のゴム管でガス栓につながれた頑丈な四角い箱を、後ろめたそうにじっと見つめながら立っていた。
「物音一つ聞こえなかった」エルジーは言った。「身動きもしなかった、全く苦痛はなかったに違いないわ。それでもやっぱり、終わってしまうと、ちょっといやな感じね」
「これから恐ろしい場面にかからなきゃいけないよ」ガス栓を閉めながら、ストラドウォーデンは言った。「ゆっくりふたを開けて、徐々にガスを抜こう。部屋に風を通すよう、ドアを開けたり閉めたりしてくれ」

　数分後、ガスの臭いが抜けきると、彼はかがみ込んで、気味の悪い荷物の入った小さな犬小屋を持ち上げた。エルジーは恐怖の叫びをあげた。彼らが処刑室に入れたときと同じく、頭を上げ、耳をぴんと立てながら、冷ややかにふてくされたように、ルイは身じろぎもせず、彼の住まいの入り口に座っていた。ストラドウォーデンはぎょっとして犬小屋を落とし、長い間、奇跡の犬をじっと見つめた。それから彼はけたたましい声をあげて笑いだした。

　それはまったくもって見事に模造された、どう猛な面構えのおもちゃのポメラニアンだった。そして、それを押したときにぜいぜいと吠え声を発する仕掛けは、レナとそのメイドが家族をペテンにかけるのに大いに役立っていた。動物が嫌いで、しかし献身的行為の後光のもとに物事を自分の思い通りにしたいと思う女性として、ストラドウォ

ーデン夫人はかなりうまくやってのけていたのだった。
「ルイは死んだよ」というのが、昼食会から戻ったレナを出迎えた素っ気ない知らせだった。
「ルイ、死んだ！」彼女は叫んだ。
「そう、あいつは肉屋の小僧に飛びかかって、噛みついたんだ。おまけに僕が引き離そうとすると、僕にまで噛みついた。だから彼を殺してもらうしかなかったんだ。君はあいつが噛みつくって僕に警告してはいたが、徹底的に危険だとは言わなかったね。小僧には賠償金としてかなりの額を支払わなくてはならないだろう、だから君はイースターにほしがっていた飾り留め金はなしで済まさなきゃいけないよ。それに僕は犬の噛み傷の専門家のシュレーダー博士に診てもらいにウィーンへ行かなければならないだろう、だから君も一緒に来ないといけない。ルイの死骸は剥製にしてもらいにローランド・ウォードに送ったよ、それが、飾り留め金の代わりの、君へのイースターの贈り物になるだろう。お願いだから、レナ、本当にあいつをそんなに思ってやっているのなら、泣きなさい。なんにせよ、まるで僕が正気を失ってしまったとでも思っているみたいに見つめながら、そこに突っ立っているのよりはましだろう」

　レナ・ストラドウォーデンは泣かなかった。しかし、笑おうとした彼女の試みは、まぎれもない失敗に終わった。

Sredni Vashtar

1   Conradin was ten years old, and the doctor had pronounced his professional opinion that the boy would not live another five years. The doctor was silky and effete, and counted for little, but his opinion was endorsed by Mrs. De Ropp, who counted for nearly everything. Mrs. De Ropp was Conradin's cousin and guardian, and in his eyes she represented those three-fifths of the world that are necessary and disagreeable and real; the other two-fifths, in perpetual antagonism to the foregoing, were summed up in himself and his imagination. One of these days Conradin supposed he would succumb to the mastering pressure of wearisome necessary things — such as illnesses and coddling restrictions and drawn-out dullness. Without his imagination, which was rampant under the spur of loneliness, he would have succumbed long ago.

2   Mrs. De Ropp would never, in her honestest moments, have confessed to herself that she disliked Conradin, though she might have been dimly aware that thwarting him "for his good" was a duty which she did not find particularly irksome. Conradin hated her with a desperate sincerity which he was perfectly able to mask. Such few pleasures as he could contrive for himself gained an added relish from the likelihood that they would be displeasing to his guardian, and from the realm of his imagination she was locked out — an unclean thing, which should find no entrance.

3-1   In the dull, cheerless garden, overlooked by so many windows that were ready to open with a message not to do this or that, or a reminder that medicines were due, he found little attraction. The few fruit-trees that it contained were set jealously apart from his plucking, as though they were rare specimens of their kind blooming in an arid waste; it would probably have been difficult to find a market-gardener who would have offered ten shillings for their entire yearly produce. In a forgotten corner, however, almost hidden behind a dismal shrubbery, was a disused tool-shed of respectable proportions, and within its walls Conradin found a haven, something that took on the varying aspects of a playroom and a cathedral. He had peopled it with a legion of familiar phantoms, evoked partly from fragments of history and partly from his own brain, but it also boasted two inmates of flesh and blood. In one corner lived a ragged-plumaged Houdan hen, on which the boy lavished an affection that had scarcely another outlet. Further back in the gloom stood a large hutch, divided into two compartments, one of which was fronted with close iron bars. This was the abode of a large polecat-ferret, which a friendly butcher-boy had once smuggled, cage and all, into its present quarters, in exchange for a long-secreted hoard of small silver. Conradin was dreadfully afraid of the lithe, sharp-fanged beast, but it was his most treasured possession. Its very presence in the tool-shed was a secret and fearful joy, to be kept scrupulously from the knowledge of the Woman, as he privately dubbed his cousin. And one day, out of Heaven knows what material, he spun the beast a wonderful name, and from that moment it grew into a god and a religion. The Woman indulged in religion once a week at a church near by, and took Conradin with her, but to him the church service was an alien rite in the House of Rimmon. Every Thursday, in the dim and musty silence of the tool-shed, he worshipped with mystic and elaborate ceremonial before the wooden hutch where dwelt Sredni Vashtar, the great ferret. Red flowers in their season and scarlet berries in the winter-time were offered at his shrine, for he was a god who laid some special stress on the fierce impatient side of things, as opposed to the Woman's religion, which, as far as Conradin could observe, went to great lengths in the contrary direction. And on great festivals powdered nutmeg was strewn in front of his hutch, an important feature of the offering being that the nutmeg had to be stolen. These festivals were of irregular occurrence, and were chiefly appointed to celebrate some passing event. On one occasion, when Mrs. De Ropp suffered from acute toothache for three days, Conradin kept up the festival during the entire three days, and almost succeeded in persuading himself that Sredni Vashtar was personally responsible for the toothache. If the malady had lasted for another day the supply of nutmeg would have given out.

The Houdan hen was never drawn into the cult of Sredni Vashtar. Conradin had long ago settled that she was an Anabaptist. He did not pretend to have the remotest knowledge as to what an Anabaptist was, but he privately hoped that it was dashing and not very respectable. Mrs. De Ropp was the ground plan on which he based and detested all respectability.

After a while Conradin's absorption in the tool-shed began to attract the notice of his guardian. "It is not good for him to be pottering down there in all weathers," she promptly decided, and at breakfast one morning she announced that the Houdan hen had been sold and taken away overnight. With her short-sighted eyes she peered at Conradin, waiting for an outbreak of rage and sorrow, which she was ready to rebuke with a flow of excellent precepts and reasoning. But Conradin said nothing: there was nothing to be said. Something perhaps in his white set face gave her a momentary qualm, for at tea that afternoon there was toast on the table, a delicacy which she usually banned on the ground that it was bad for him; also because the making of it "gave trouble," a deadly offence in the middle-class feminine eye.

"I thought you liked toast," she exclaimed, with an injured air, observing that he did not touch it.

"Sometimes," said Conradin.

In the shed that evening there was an innovation in the worship of the hutch-god. Conradin had been wont to chant his praises, tonight he asked a boon.

"Do one thing for me, Sredni Vashtar."

The thing was not specified. As Sredni Vashtar was a god he must be supposed to know. And choking back a sob as he looked at that other empty corner, Conradin went back to the world he so hated.

And every night, in the welcome darkness of his bedroom, and every evening in the dusk of the tool-shed, Conradin's bitter litany went up: "Do one thing for me, Sredni Vashtar."

Mrs. De Ropp noticed that the visits to the shed did not cease, and one day she made a further journey of inspection.

"What are you keeping in that locked hutch?" she asked. "I believe it's guinea-pigs. I'll have them all cleared away."

Conradin shut his lips tight, but the Woman ransacked his bedroom till she found the carefully hidden key, and forthwith marched down to the shed to complete her discovery. It was a cold afternoon, and Conradin had been bidden to keep to the house. From the furthest window of the dining-room the door of the shed could just be seen beyond the corner of the shrubbery, and there Conradin stationed himself. He saw the Woman enter, and then he imagined her opening the door of the sacred hutch and peering down with her short-sighted eyes into the thick straw bed where his god lay hidden. Perhaps she would prod at the straw in her clumsy impatience. And Conradin fervently breathed his prayer for the last time. But he knew as he prayed that he did not believe. He knew that the Woman would come out presently with that pursed smile he loathed so well on her face, and that in an hour or two the gardener would carry away his wonderful god, a god no longer, but a simple brown ferret in a hutch. And he knew that the Woman would triumph always as she triumphed now, and that he would grow ever more sickly under her pestering and domineering and superior wisdom, till one day nothing would matter much more with him, and the doctor would be proved right. And in the sting and misery of his defeat, he began to chant loudly and defiantly the hymn of his threatened idol:

> Sredni Vashtar went forth,
> His thoughts were red thoughts and his teeth were white.
> His enemies called for peace, but he brought them death.
> Sredni Vashtar the Beautiful.

And then of a sudden he stopped his chanting and drew closer to the window-pane. The door of the shed still stood ajar as it had been left, and the minutes were slipping by. They were long minutes, but they slipped by nevertheless. He watched the starlings running and flying in little parties across the lawn; he counted them over and over again, with one eye always on that swinging door. A sour-faced maid came in to lay the table for tea, and still Conradin stood and waited and watched. Hope had crept by inches into his heart, and now a look of triumph began to blaze in his eyes that had only known the wistful patience of defeat. Under his breath, with a furtive exultation, he began once again the paean of victory and devastation. And presently his eyes were rewarded: out through that doorway came a long, low, yellow-and-brown beast, with eyes a-blink at the waning daylight, and dark wet stains around the fur of jaws and throat. Conradin dropped on his knees. The great polecat-ferret made its way down to a small brook at the foot of the garden, drank for a moment, then crossed a little plank bridge and was lost to sight in the bushes. Such was the passing of Sredni Vashtar.

17 "Tea is ready," said the sour-faced maid; "where is the mistress?"

18 "She went down to the shed some time ago," said Conradin.

19 And while the maid went to summon her mistress to tea, Conradin fished a toasting-fork out of the sideboard drawer and proceeded to toast himself a piece of bread. And during the toasting of it and the buttering of it with much butter and the slow enjoyment of eating it, Conradin listened to the noises and silences which fell in quick spasms beyond the dining-room door. The loud foolish screaming of the maid, the answering chorus of wondering ejaculations from the kitchen region, the scuttering footsteps and hurried embassies for outside help, and then, after a lull, the scared sobbings and the shuffling tread of those who bore a heavy burden into the house.

20 "Whoever will break it to the poor child? I couldn't for the life of me!" exclaimed a shrill voice. And while they debated the matter among themselves, Conradin made himself another piece of toast.

Sredni Vashtar 分析と解説

1

Conradin was「ten years old」, and the doctor had pronounced「his
　　S1　　 V　　　 C　　　　　　　S2　　　　V
professional opinion」[that the boy would not live (another five years)].
　　　O　　 　＝　　　 s'　　　　　v'　　adv'
The doctor was「silky and effete」, and counted (for little), but「his
　　S1　　 V1　　C 1　　 2　　　　V2　　adv　　　　S2
opinion」was endorsed (by「Mrs. De Ropp」, [who counted (for nearly
　　　　　V　　　　adv　　　↖adj s'　v'　adv'
everything)]).「Mrs. De Ropp」was「Conradin's cousin and guardian」,
　　　　　　　　　　S1　　　V　　C　　 1　　　　　 2
and (in his eyes) she represented「those three-fifths (of the world)」[that
adv　　　　　　 S2　　V　　　　 O　　↖　　 adj　　↘adj s'
are「necessary and disagreeable and real」];「the other two-fifths」, (in
v' c' 1　　　　　 2　　　　　　3　　　　　 S　　　　　adv
perpetual antagonism (to the foregoing)), were summed up (in himself
　　　　　　　 adj　　　　　　　　　　 V　　　　 adv　 1
and his imagination). (One of these days) Conradin supposed | he
　 2　　　　　　　　 adv'　　　　　　 S　　 V　　 O s'
would succumb (to the mastering pressure (of wearisome necessary
　　　 v'　 　adv'　　　　　　　　↖adj'
things (such as illnesses and「coddling restrictions」and「drawn-out
　↖adj'　　　　　 1　　　　　　　　2
dullness」)))]. (Without his imagination, [which was rampant (under
　3　　　　　　　 adv　　　　　↖ adj s' v'　 c'　 adv'
the spur (of loneliness))]), he would have succumbed (long ago).
　adj'　　　　　　　　　S　　　　 V　　　adv

・effete *(adj)* 活力のない、めめしい ・count *(vi)* (for ~ などで重要さの程度を表す) 価値がある、
影響力を持つ ・endorse *(vt)* 支持する ・disagreeable *(adj)* 嫌な、不愉快な

Sredni Vashtar

・perpetual *(adj)* 絶え間ない、永久の ・antagonism *(n)* 敵意、対立 ・foregoing *(adj)* 前述の ・sum up [句動 *vi*] まとめる、典型的に示す ・succumb *(vi)* 屈服する、負ける ・master *(vt)* 征服する、支配する ・wearisome *(adj)* 退屈な、飽き飽きする ・coddle *(vt)* 甘やかす、大事に育てる ・restriction *(n)* 制限、制約 ・drawn-out *(adj)* 長引く、長期にわたる ・rampant *(adj)* はびこる、猛威をふるう、激しい ・spur *(n)* 拍車、刺激

解説

l.9: one of these days は熟語で「近日中に、いずれそのうちに」の意。また、これは目的語の節に含まれる句で、述語動詞 supposed ではなく succumb を副詞的に修飾しています。(むしろ Conradin supposed を挿入部分と見なすのが適切かもしれません)

l.12-13: Without his imagination,... の一文は仮定法過去完了「もし～なら～だったろう」の形です。without his imagination は If 節を代用する副詞句。

試訳

　コンラディンは十歳だったが、医者は専門家の意見として、少年はあと五年は生きないだろうと宣告していた。医者は物腰柔らかくて無気力な、ほとんど影響力を持たない人物だったが、その意見はデ・ロップ夫人によって支持されていて、そして彼女はほとんどあらゆることに影響力を持っていた。デ・ロップ夫人はコンラディンの従姉で後見人で、彼の目には、避けがたい、不愉快な、実在する世界の五分の三を代表する者として映っていた。残りの五分の二は、前者に対する永続的な対立関係にあって、彼自身と彼の想像力を典型とする世界だった。いずれ近いうちに、彼は例えば病気とか、過保護による束縛とか、長々と続く退屈といった、うんざりするような避けられないことどもの、圧倒的な圧力に屈服してしまうだろう、とコンラディンは考えた。孤独に拍車をかけられて際限がなくなった想像力がなければ、彼はとうの昔に仆(たお)れていたことだろう。

2

「Mrs. De Ropp」 would (never), (in her honestest moments), have
　　　S　　　　　　　　　　adv　　　　adv

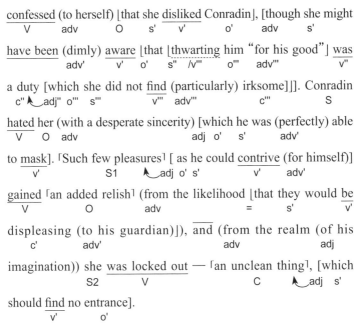

- thwart *(vt)* 挫折させる、邪魔する ・irksome *(adj)* 面倒な、苛々させる ・sincerity *(n)* 誠実、率直さ ・contrive *(vt)* 考案する、たくらむ ・relish *(n)* 風味、面白み ・likelihood *(n)* 見込み、可能性 ・displeasing *(adj)* 不快な、気に障る ・realm *(n)* 王国、領域 ・lock out [句動 *vi*] 閉め出す

解説

l.5: Conradin hated her with a desperate sincerity which he was perfectly able to mask. の関係代名詞 which は、文の形から見れば直前の名詞句 a desperate sincerity「絶望的なまでの偽りのなさ」を先行詞としているようですが、そう見ると彼が「完璧に隠しおおせていた」のは「偽りのなさ」ということになり、文意が通らなくなります。ここでの which は継続用法的に、主節の内容全体を受けて修飾したものとみられます。「絶望的なまでの偽りのなさで彼女を憎んでいたが、それを完璧に隠しおおせていた」

l.6: Such few pleasures as he could contrive for himself ... の as は目的格の関係代名詞。先行詞に形容詞 such がつくと関係代名詞は常に as が用いられます。

l.10: an unclean thing は前節と she was を共有し、省略された節で、この語句自体は補語の働きをしています。関係代名詞 which は先行詞との間にコンマを挟んだ継続用法。「彼女は不浄のもので、入り口を見つけられないでいて然るべきだった」

試訳

デ・ロップ夫人は、「彼のためを思って」彼のすることを邪魔立てするのを、さほど嫌でもない自分のつとめであるとぼんやり自覚していたとはいえ、最も偽りのない気持ちのときでさえ、自分がコンラディンを嫌っていると自認することはなかったであろう。彼は心底から彼女を憎んでいたが、それを完璧に隠しおおせていた。彼が自分で思いついた数少ない楽しみは、それらが彼の後見人の気分を害する見込みがあれば、ますます面白みを増した。そして彼の想像力の王国から彼女は閉め出されていた ── 不浄なものは、立ち入りを許されないのだ。

3-1

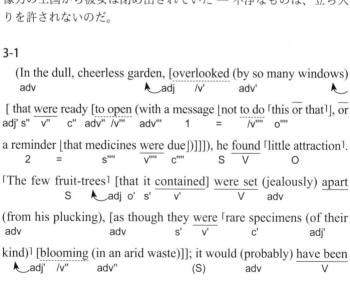

104

difficult [to find a market-gardener [who would have offered 「ten
 C   S   /v'   o'   ⌒adj' s"   v"   o"
shillings] (for their entire yearly produce)]].
                adv"

・cheerless *(adj)* 陰気な　・overlook *(vt)* 見下ろす、監視する　・due *(adj)* 〜する予定である、期限である　・set apart [句動 *vi*] 離す、分離する　・jealously *(adv)* 油断なく、ねたんで　・pluck *(vt)* 摘む、引き抜く　・specimen *(n)* 見本、実例　・arid *(adj)* 乾燥した、不毛の　・market-gardener *(n)* 市場向け農園経営者

解説
l.1-3: SVO 型の文ですが、複雑な長い修飾部分を伴っており、係り受けの関係を文法に忠実に日本語に置き換えると、却って分かりにくくなりがちです。このような文は、ネイティヴの読者がしているように、頭から順に読んで理解していく形に近づけて日本語訳したほうが良い場合が多くあります。下の試訳では文法に従った直訳を、章末の訳では原文の順に近づけた訳文を示しておきます。

l.4: 関係代名詞節 that it contained の主語 it は無生物主語 the garden の代名詞。「そこが含む」→「庭に生えた」

l.6: セミコロン(;)は二つの文を結ぶ等位接続詞の代わりとして用いられますが、ここでは but の意味で使われています。

試訳
　今にも開いて、あれやこれやをするなというお達しか、薬を飲みなさいという注意が飛んできそうなたくさんの窓に見下ろされた、退屈で陰気な庭には、彼はほとんど魅力を感じなかった。庭に植えられたわずかな果樹は、まるで乾いた荒野に花を咲かせる希少種の見本かなにかのように、彼が実を摘み取らないよう油断なく遠ざけられていた。とはいえ、それらの年間合わせての全収穫量に対して、10 シリングも出そうとする果物問屋を見つけるのはたぶん難しかったろう。

3-2

(In a forgotten corner), (however), [(almost) hidden (behind a dismal
 adv   adv   adv   adv'   /v'   adv'

Sredni Vashtar

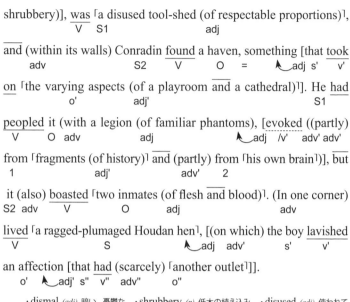

- dismal *(adj)* 暗い、憂鬱な ・shrubbery *(n)* 低木の植え込み ・disused *(adj)* 使われていない、廃れた ・tool-shed *(n)* 物置小屋 ・respectable *(adj)* かなりの、相当な
- haven *(n)* 安息地、避難所 ・take on [句動 vt]（役割、仕事などを）引き受ける
- people *(vt)* 〜に住まわせる ・legion *(n)* 大群 ・phantom *(n)* 幻影、幽霊 ・evoke *(vt)*（霊などを）呼び出す、喚起する ・boast *(vt)* 〜を持つ、自慢する ・inmate *(n)* 同居人、収容者
- ragged-plumaged *(adj)* みすぼらしい羽並の ・lavish *(vt)* 惜しみなく与える、浪費する

解説

l.1-2: 場所を表す副詞句を強調のために文頭に出した場合に、VS の形に倒置が起こる例です（*l.8* も同様）。

l.7: it は無生物主語の代名詞で、物置小屋を指します。訳出に当たっては「それは〜を持つ」→「そこには〜がある」に変換。

試訳

しかし庭の忘れられた片隅に、薄暗い低木の茂みの陰にほとんど隠れて、今は使われていないかなり大きな物置小屋があって、その壁の内部に、コンラディンは安息の場所を見いだしていた。そこは遊

戯室として、また神殿として、様々に変わる役割を担っていた。彼はそこに、あるいは歴史の一場面から、またあるいは彼自身の頭の中から呼び出した、親しい幻影たちの大群を住まわせていた。しかしそこにはまた、血肉を備えた二匹の同居人もいた。一方の隅にはみすぼらしい羽並のウーダン種のめんどりが住んでいて、少年はそれに、他にはほとんどはけ口のない愛情を惜しみなく注いでいた。

3-3

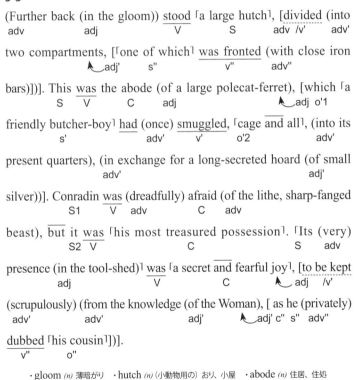

・gloom *(n)* 薄暗がり　・hutch *(n)* (小動物用の) おり、小屋　・abode *(n)* 住居、住処　・polecat-ferret *(n)* ケナガイタチ　・smuggle *(vt)* こっそり持ち込む　・quarter *(n)* 住居、宿舎　・hoard *(n)* 貯蔵、蓄え　・dreadfully *(adv)* ひどく、恐ろしく　・lithe *(adj)* しなやかな

・sharp-fanged *(adj)* 鋭い牙のある ・scrupulously *(adv)* 細心の注意を払って、几帳面に
・dub *(vt)* 〜にあだ名をつける、呼ぶ

解説

l.5: in exchange for は熟語で「〜と引き換えに」の意。

l.9-10: as he privately dubbed his cousin の as は関係代名詞で、先行詞 the Woman を修飾し、関係詞節中では SVOC 型の目的格補語 C を代行しています。

試訳

ずっと奥の暗がりには大きな檻が置いてあり、それは二つの区画に仕切られていて、一方の正面にはびっしりと鉄の棒がはまっていた。これが大きなケナガイタチのすみかで、あるとき親しくしている肉屋の小僧が、長いことひそかに貯めておいた銀貨の小銭と引き換えに、檻ごとこっそり今の住居へと持ち込んでくれたものだった。コンラディンはそのしなやかな、鋭い牙を持つ獣がひどく怖かったが、それは彼の最も大切な所有物だった。それが物置小屋にいるというまさにそのことが、彼がひそかに従姉をさして呼ぶところの「あの女」に知られぬよう細心の注意を払わねばならない、秘密の、恐ろしい喜びだった。

3-4

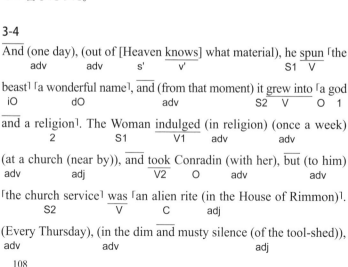

he worshipped (with mystic and elaborate ceremonial) (before the
S　V　　　　　　　　adv　　　　　　　　　　　　　　　adv

wooden hutch [(where) dwelt「Sredni Vashtar」,「the great ferret」]).
　　　　　　　　　　adj adv'　 v'　　　　s'　　　　　=

- spin *(vt)* 紡ぐ、(話を) 作り出す　　・grow into [句動 *vt*] 成長して、次第に〜になる
- indulge *(vi)* ふける、従事する　　・rite *(n)* 儀式　　・musty *(adj)* かび臭い　　・worship *(vi)* 礼拝、崇拝する　　・mystic *(adj)* 秘密の、神秘的な　　・ceremonial *(n)* 式典、儀式

解説

l.1: out of Heaven knows what material は out of what material「どんな素材から」と慣用句 Heaven knows「神のみぞ知る、誰も知らない」が組み合わさったもの。out of は出所「〜から」を表す群前置詞です。

l.5: the House of Rimmon は旧約聖書に登場する異教徒の神殿のこと。ユダヤ教の神のわざで業病から回復した異教徒の将軍が、偶像崇拝を捨てることを誓うが、王に従いリモンの神殿に形のみ礼拝することの是非を預言者に問い、許されたというエピソードから。コンラディンが夫人によって信仰していない宗教の儀式にやむなく参列させられているという状況を例えたもの。

試訳

そしてある日、どんな素材に由来するのかは知るよしもないが、彼はその獣にすばらしい名前をつけてやり、その瞬間から、それは神となり、宗教となった。「あの女」は週に一度、近くの教会で信仰にふけっていて、コンラディンも一緒に連れていったが、彼にとって教会の礼拝はリモンの神殿の異教徒の儀式だった。木曜日ごとに、物置小屋の薄暗くかび臭い静寂のなか、彼は偉大なイタチ、スレドニ・ヴァシュターが住まう木製の檻の前で、神秘的で念入りな祭祀を執り行い、礼拝した。

3-5

「Red flowers (in their season) and scarlet berries (in the winter-
S1　1　　　　adj　　　　　　　　　2　　　　　　　adj

time)」were offered (at his shrine), for he was a god [who laid「some
　　　V　　　　　adv　　　　　　S2　V　　C　adj s'　v'　o'

109

special stress] (on the fierce impatient side (of things))], (as opposed
        adv   adj   adv

to the Woman's religion, [which, [as far as Conradin could observe],
          adj   s'   adv'   s"   v"

went (to great lengths) (in the contrary direction)]). And (on great
v'   adv'   adv'   adv

festivals) 「powdered nutmeg」 was strewn (in front of his hutch), [「an
         S   V   adv   adv

important feature (of the offering)」 being [that the nutmeg had to be
 (s')   adj'   /v'   c'   s"

stolen]].
v"

・fierce *(adj)* 獰猛な、強烈な、すさまじい　・impatient *(adj)* 気短な、じりじりする
・strew *(vt)* ばらまく、まき散らす　・offering *(n)* 捧げ物

解説

l.3-4: as opposed to は群前置詞で、「～とは対照的に」の意。

l.6-8: an important feature of the offering being that the nutmeg had to be stolen. は主節とは主語が異なる独立分詞構文で、副詞句ですがSV が揃って外観、働きともに節のようになっています。分詞 being の意味上の主語が an important feature of the offering「捧げ物の重要な特性」、補語が接続詞 that に導かれた名詞節「ナツメグは盗まれなければならなかったこと」。

試訳

花の季節には赤い花が、そして冬の間は深紅の漿果が彼の聖堂に捧げられた、というのも彼は物事の激烈で性急な側面にことのほか重点を置く神だったからで、それは「あの女」の宗教とは対照的だった。あちらは、コンラディンの観察し得た限りでは、およそ正反対の方向に遠ざかっていた。そして大きな祭日にはナツメグの粉が彼の檻の前に撒かれたが、その捧げ物の大事な特性は、そのナツメグが盗んできたものでなければならなかったことであった。

3-6

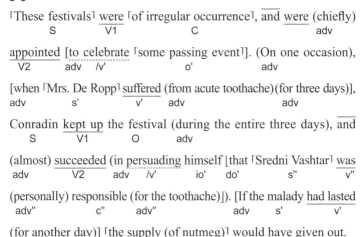

- appoint *(vt)* 指定する、(時や場所を)決める ・passing *(adj)* 一時的な、つかの間の
- acute *(adj)* 鋭い、激しい ・keep up [句動 *vt*] 維持する、続ける ・persuade *(vt)* 確信させる
- malady *(n)* 病気 ・give out [句動 *vi*] 尽きる

解説

l.2: on one occasion は熟語で、「かつて、あるとき」の意。

l.6-7: If the malady had lasted for another day the supply of nutmeg would have given out. は過去の事実に反する仮定を表す仮定法過去完了「もしも〜だったら、〜だったろうに」の形。

試訳

これらの祭事は不定期に執り行われるもので、たいてい何らかの一過性の出来事を祝うために予定が組まれた。かつて、デ・ロップ夫人が三日間激しい歯痛に苦しんだときには、コンラディンはその三日間ぶっ通しで祭事を続け、スレドニ・ヴァシュターがじきじきにその歯痛の原因を招いたのだと、ほとんど信じ込みかけたほどだった。もしも病気がもう一日続いていたら、ナツメグのたくわえは底をついていただろう。

Sredni Vashtar

4

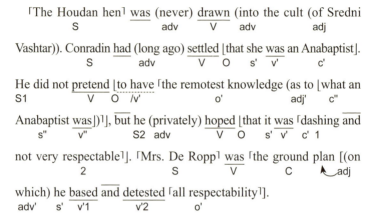

- cult *(n)* 儀式　・settle *(vt)* (〜ということに) 決める　・Anabaptist *(n)* (キリスト教) 再洗礼派教徒　・remote *(adj)* (しばしば最上級で) 僅かな、かすかな　・dashing *(adj)* 血気盛んな　・respectable *(adj)* 立派な、有徳な　・ground plan *(n)* 平面図　・detest *(vt)* 毛嫌いする

解説

l.3: He did not pretend to have the remotest knowledge... は直訳すると「彼はごく僅かな知識でも持っているふりをしなかった」。

l.3: as to は群前置詞で「〜について」の意。ここでは間接疑問の名詞節が前置詞の目的語になっています。

l.5-6: Mrs. De Ropp was the ground plan on which he based and detested all respectability. は SVC 型の主節に、補語 C を修飾する関係詞節がついた文で、関係詞節の二つの述語動詞はどちらも続く目的語と副詞句 on the ground plan を受けています。つまり関係詞節を切り離して省略なしに展開すると he based all respectability on the ground plan and detested all respectability on the ground plan. となります。これを念頭に本文を直訳すると「(デ・ロップ夫人は、) 彼がその平面図上に全ての立派さの基礎を置き、そしてその平面図上の全ての立派さを毛嫌いしていた (ところの平面図だった)」となり、これだと前文の not very respectable のくだりとのつながりがあまり明確

ではありません。文脈が通じるよう補う必要があるので、ここでは「デ・ロップ夫人というご立派な見本があったから、彼はおよそご立派なものが大嫌いだった」といったふうに意訳しておきます。

試訳

　ウーダン種のめんどりがスレドニ・ヴァシュターの儀式に引き入れられることは決してなかった。コンラディンはずっと前から彼女が再洗礼派教徒であると決めていた。彼は再洗礼派教徒というのがどういうものなのかわずかな知識も持たなかったが、ひそかにそれが血気盛んで、あまり立派ではないものなのではないかと見込んでいた。デ・ロップ夫人というご立派な見本があったから、彼はおよそご立派なものが大嫌いだったのである。

5

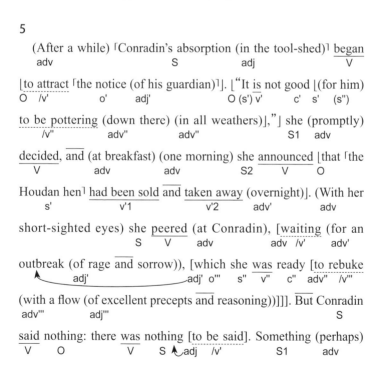

Sredni Vashtar

(in his white set face) gave her 「a momentary qualm」, for (at tea)
adj   V   iO   dO   adv

(that afternoon) there was toast (on the table), a delicacy [which she
adv   V   S2   adv   = S2   adj o'   s'

(usually) banned (on the ground ⌊that it was bad (for him)⌋); (also)
adv'   v'   adv'   s" v"   c"   adv"   adv'

[because 「the making (of it)」 "gave trouble," 「a deadly offence (in
adv'   s"   adj"   v"   o"   =   adj'

the middle-class feminine eye)」].

・absorption *(n)* 没頭、熱中 ・potter *(vi)* (putter に同じ) ぶらつく、うろつく ・promptly *(adv)* 即座に ・overnight *(adv)* 前の晩に、一晩中 ・rebuke *(vt)* 叱る、強く非難する ・precept *(n)* 戒め、教訓 ・reasoning *(n)* 論法 ・set *(adj)* 硬直した、断固とした ・qualm *(n)* 不安、良心の呵責 ・delicacy *(n)* ごちそう ・ban *(vt)* 禁止する

解説

l.2: It is not good for him to be pottering... は It が仮主語、(for him) to be pottering 以下が主語の SVC 型。上の分析では for him を to 不定詞に導かれる名詞句の意味上の主語と見ました(「彼がぶらついていることは」)が、これを補語 good を修飾する副詞句と見て、「ぶらついているのは、彼にとって良くない」と解釈することも可能です。

l.3: down there は「下のほうで」。デ・ロップ夫人のいる家から見て庭の、さらにその片隅の小屋を「下った」場所とみての表現です。

l.12: on the ground that は熟語で「〜という理由で」の意。that 節は同格の名詞節。

l.13: a deadly offence「ひどい侮辱」は直前の節 the making of it "gave trouble,"「それを作ることは『手間がかかる』」の全体を説明する補足部分で、同格の表現です。

試訳

　しばらくするうちに、コンラディンの物置小屋での熱中ぶりが、彼の後見人の注意をひきはじめた。「彼がどんな天気でもあんなところでぶらぶらしているのは、良くないことだわ」彼女はすぐにそ

う決めつけた。そして、ある朝、朝食の席で、彼女はウーダン種のめんどりを昨夜のうちに売り払ってしまったと告げた。激しい怒りと悲しみの爆発を待ちながら、彼女は近視の目でコンラディンをじっと見つめた。そうなったらすばらしい教訓と論法のよどみない弁舌でもって、叱ってやろうと身構えていた。しかしコンラディンは何も言わなかった。言うことなど何もなかった。ことによると、彼の蒼白な、こわばった顔が彼女につかの間良心の痛みを覚えさせたのかもしれない、というのも午後のお茶の時間にはテーブルにトーストが出されたから。それは彼女が、彼の体に良くないという理由から、いつもは禁止していたごちそうだった。また、それを作るには「手間がかかる」が、手間をかけさせられるなんて中産階級の女性にとってみればひどく侮辱的なことだったからでもあった。

6

["I thought [you liked toast],"] she exclaimed, (with an injured air),
O s' v' o' s" v" o" S V adv

[observing [that he did not touch it]].
adv /v' o' s" v" o"

・injure (vt) 傷つける、害する ・observe (vt) (that 節を目的語に受けて) 〜に気付く

試訳
「トーストは好きだと思っていたけど」彼がそれに手をつけないことに気付いて、気を悪くした様子で彼女は叫んだ。

7

"Sometimes," said Conradin.
O V S

試訳
「時によるよ」とコンラディンは言った。

8

(In the shed) (that evening) there was an innovation (in the
adv adv V S adv

Sredni Vashtar

worship (of the hutch-god)). Conradin had been wont [to chant「his
   adj   S1   V   C   adv /v'   o'

praises」], (tonight) he asked a boon.
     adv   S2   V   O

・innovation *(n)* 革新、新機軸　・wont *(adj)* 常とする、慣れた　・chant *(vt)* 詠唱する
・praise *(n)* 賞賛、賛美　・boon *(n)* 願い事

試訳

　その晩、物置小屋では、檻の中の神への礼拝のしかたにひとつの新機軸があった。これまでコンラディンは賛美の言葉を唱えるのを常としていたが、その晩は願い事をしたのである。

9

　"Do「one thing」(for me), Sredni Vashtar."
    V   O   adv

試訳

　「僕のために願いを一つ、かなえてください、スレドニ・ヴァシュター」

10

　「The thing」was not specified. [As「Sredni Vashtar」was a god] he
     S   V   adv   s'   v'   c'   S

must be supposed [to know]. And [choking back a sob [as he looked
  V   C   adv /v'   o' adv' s" v"

(at that other empty corner)]], Conradin went back (to the world [he
 adv"   S   V   adv   adj s'

(so) hated]).
adv' v'

・specify *(vt)* 具体的に挙げる　・choke back [句動 *vt*] 押さえる、こらえる　・sob *(n)* すすり泣き

解説

　l.1: As Sredni Vashtar was a god の as は理由の従属接続詞「〜なので」。対して *l.2-3:* as he looked at that other empty corner の as は時の従属接

続詞「〜するとき、しながら」で、前の分詞構文 choking back a sob を修飾し、ほぼ同時に起きた動作を描写しています。
　l.2: be supposed to do は熟語で「〜のはずである、することになっている」の意。
試訳
　願いは具体的には口にしなかった。スレドニ・ヴァシュターは神なのだから、当然知っているはずだった。コンラディンは、もう一方の空っぽの隅を見て、しゃくり上げそうになるのをこらえながら、嫌でたまらない世界へと戻っていった。

11

And (every night), (in the welcome darkness (of his bedroom)),
　　adv　　　　　　adv　　　　　　　　　　　adj
and (every evening) (in the dusk (of the tool-shed)), 「Conrad in's bitter
　adv　　　　　adv　　　　adj　　　　　　　　　　　　　　　S
litany」went up: "Do 「one thing」(for me), Sredni Vashtar."
　　　　　V　　　　V　　　O　　　　adv

・welcome *(adj)* うれしい、歓迎すべき　・dusk *(n)* 夕暮れ時、たそがれ
・litany *(n)* 連祷　・go up [句動 *vi*] 上がる、聞こえてくる

試訳
　そして毎夜、待ち望んだ寝室の暗闇のなかで、また毎夕、物置小屋の薄暗がりのなかで、コンラディンが繰り返し唱える悲痛な祈りの声が聞こえてきた。「僕のために願いを一つ、かなえてください、スレドニ・ヴァシュター」

12

「Mrs. De Ropp」noticed [that「the visits (to the shed)」did not cease],
　　S　　　　　V　　　O　　　s'　　　adj'　　　　　　　　v'
and (one day) she made「a further journey (of inspection)」.
　　adv　　　　S　　V　　　　　　O　　　　　　adj

・cease *(vi)* 終わる、止む　・inspection *(n)* 調査、視察

117

Sredni Vashtar

試訳

　デ・ロップ夫人はコンラディンが物置小屋に行くのをやめないのに気付いて、ある日、さらなる調査行へと赴いた。

13

⌊"What are you keeping (in that locked hutch)?"⌋ she asked. "I believe ⌊ it's guinea-pigs⌋. I'll have them (all) cleared away."

・guinea-pig *(n)* モルモット　・clear away [句動 *vt*] 取り除く、一掃する

試訳

「あの鍵のかかった檻のなかに何を飼っているの？」彼女は尋ねた。「モルモットでしょ。みんな片づけてもらいますからね」

14-1

Conradin shut his lips (tight), but the Woman ransacked his bedroom [till she found ⌈the carefully hidden key⌉], and (forthwith) marched (down) (to the shed) [to complete her discovery]. It was ⌈a cold afternoon⌉, and Conradin had been bidden ⌊to keep to the house⌋. (From the furthest window (of the dining-room)) ⌈the door (of the shed)⌉ could (just) be seen (beyond the corner (of the shrubbery)), and (there) Conradin stationed himself.

・ransack *(vt)* くまなく捜す、漁り回る　・forthwith *(adv)* 直ちに　・bid *(vt)* ～に命じる

・keep to [句動 *vi*] ～に閉じこもる、従う　・station *(vt)* 部署につく、配置させる

試訳

　コンラディンは唇を固く結んだ、しかし「あの女」は彼が注意深く隠しておいた鍵を見つけるまで彼の寝室を漁り回り、それからすぐに、彼女の発見をやり遂げようと物置小屋へと向かっていった。寒い午後で、コンラディンは家に留まるよう命じられていた。食堂のいちばん奥の窓から、低木の植え込みの隅の向こうにちょうど物置小屋の入口が見えたので、コンラディンはそこに腰を据えることにした。

14-2

He saw the Woman enter, and (then) he imagined her ⌊opening ⌈the
S1　V　　O　　　C　　　　adv　S2　V　　O　C　/v'1　o'

door (of the sacred hutch)⌉ and peering down (with her short-sighted
　　　　adj'　　　　　　　　　/v'2　　　adv'

eyes) (into the thick straw bed [(where) his god lay hidden])⌋.
adv'　　　adv'　　　　　　　adj' adv"　s"　v"　c"

(Perhaps) she would prod (at the straw) (in her clumsy impatience).
adv　　　S　　　V　　adv　　　　adv

And Conradin (fervently) breathed his prayer (for the last time).
　　　S　　　adv　　　　V　　　　O　　　adv

But he knew [as he prayed] ⌊that he did not believe⌋. He knew ⌊that
　　S　V　adv s'　v'　　O　s'　　　　v'　　　S　V　O1

the Woman would come out (presently) (with that pursed smile
　　s'　　　　　v'　　　adv'　　　adv'

[he loathed (so well)] (on her face))⌋, and ⌊that (in an hour or two)
adj' s"　v"　　adv"　　adj'　　　　　O2　adv'

the gardener would carry away ⌈his wonderful god⌉, ⌈a god (no
　　s'　　　　　v'　　　　　　　o'　　　　=　　adv'

longer)⌉, but ⌈a simple brown ferret (in a hutch)⌉⌋.
　　　　　　　　　　　　　　　　　adj

　・peer down [句動 *vt*]（下を）覗き込む　・prod *(vi)* 突く　・clumsy *(adj)* 不器用な

・fervently *(adv)* 熱烈に　・come out [句動 *vi*] 出てくる、現れる　・purse *(vt)* 唇をすぼめる　・loathe *(vt)* ひどく嫌う

解説

l.9-10: his wonderful god, a god no longer, but a simple brown ferret in a hutch はコンマで区切られた三つの句がスレドニ・ヴァシュターを幾通りにも形容した表現です。最初の句 o' にコンマを挟んで同格句が続き、次のコンマで分けられた二つの句は not A but B「A ではなくて B」の構文で「もはや神ではなく、檻に入ったただの茶色いイタチにすぎない(もの)」。no longer は副詞ですが、ここでは形容詞のように a god を後置修飾しています。

試訳

彼は「あの女」が入っていくのを見た。それから彼は彼女が聖なる檻の扉を開き、近視の目で、彼の神が隠されて横たわる分厚い藁の寝床を覗き込むところを想像した。ことによると、彼女は不器用に苛立って藁をつつきまわすかもしれない。コンラディンは熱烈に、これを最後と祈りの言葉を小声で唱えた。しかし祈りながらも、彼は自分が信じていないのを知っていた。まもなく「あの女」が顔に彼の大嫌いなあの唇をすぼめた微笑みを浮かべて出てくるだろう、そして一、二時間もしたら、庭師が彼の素晴らしい神、もはや神ではなく、檻に入ったただの茶色いイタチにすぎないものを、運び出していってしまうだろうことを知っていた。

14-3

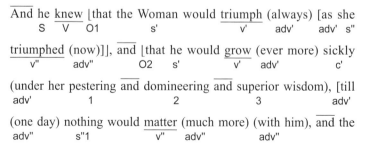

doctor would be proved right]]. And (in the sting and misery (of his
 s"2   v"   c"   adv   adj

defeat)), he began [to chant (loudly and defiantly) the hymn (of his
          S   V   O   /v'   adv'   o'   adj'

threatened idol)]:

- triumph *(vi)* 勝利を収める　・sickly *(adj)* 病弱な　・pestering *(adj)* しつこく悩ませる
- domineering *(adj)* 支配的な、横柄な　・sting *(n)* とげ、痛み　・misery *(n)* みじめさ、不幸
- defeat *(n)* 敗北　・defiantly *(adv)* 反抗的に、挑戦的に　・hymn *(n)* 聖歌、賛美歌

解説

l.2: ever more は副詞句で、形容詞、副詞の前につき、「さらに、ますます〜」の意。

試訳

そして「あの女」は今回勝利を収めたのと同様に、これからも常に勝利するだろう、そして彼は彼女のしつこい、かさにかかった、一枚上手の悪知恵に押しつぶされ、いつかなにもかもがもはやどうでもよくなって、医者が正しかったと証明されるまで、ますます病気がちになってしまうだろうことを知っていた。敗北の痛みとみじめさの中で、彼は危機に瀕した彼の偶像のための聖歌を大声で、挑みかかるように歌いだした。

15

「Sredni Vashtar」 went (forth),
       S   V   adv

His thoughts were 「red thoughts」 and his teeth were white.
 S1   V   C   S2   V   C

His enemies called for peace, but he brought them death.
 S1   V   O   S2   V   iO   dO

「Sredni Vashtar」 the Beautiful.

- call for [句動 *vt*] 声をあげて求める、要求する

Sredni Vashtar

解説

l.4: Sredni Vashtar the Beautiful の the Beautiful は appellation（呼称）といい、固有名詞＋定冠詞 the に続き性質や様子などを表す形容詞や名詞をつけてあだ名のように人や物を説明するものです。William the Conqueror（ウィリアム征服王）、Ivan the Terrible（イワン雷帝）などが有名。

試訳

スレドニ・ヴァシュターは進み出た。
その想いは赤く、その歯は白かった。
彼の敵は和平を求めたが、彼は死をもたらした。
美しいスレドニ・ヴァシュター。

16-1

And (then) (of a sudden) he stopped his chanting and drew (closer)
　adv　　adv　　　　　　　S　　V1　　　O　　　　　V2　　adv

(to the window-pane). 「The door (of the shed)」 (still) stood ajar [as
　　　adv　　　　　　　　　　S1　　　adj　　　　adv　　V　　C　adv

it had been left], and 「the minutes」 were slipping by. They were 「long
s'　　v'　　　　　　　　　S2　　　　　　V　　　　　S1　V

minutes」, but they slipped by (nevertheless). He watched the starlings
　　C　　　　S2　　　V　　　　adv　　　　　　S　　V　　　　O

[running and flying (in little parties) (across the lawn)]; he counted
　C /v'1　　　/v'2　　　　adv'　　　　　　　adv'　　　　　　S　　V

them (over and over again), (with one eye (always) (on that swinging
　O　　　　adv　　　　　　　　　　adv　　　　adv　　　　adj

door)). 「A sour-faced maid」 came in [to lay the table (for tea)], and
　　　　　　　S1　　　　　　　V　　adv /v'　　o'　　　adv'

(still) Conradin stood and waited and watched.
 adv　　　S2　　　V1　　　　V2　　　　V3

・draw *(vi)*（文語的）近寄る、徐々に進む　・window-pane *(n)* 窓ガラス　・ajar *(adj)* 少し開いて　・slip by [句動 *vi*]（時間が）いつの間にか過ぎる、早く経つ　・starling *(n)* 椋鳥（むくどり）

・lay (vt)（食卓などの）用意をする

解説

l.1: of a sudden は熟語の副詞句で、all of a sudden に同じ。「突然に、にわかに」の意。

試訳

それから彼は突然歌うのをやめると、窓ガラスにより近く身を寄せた。物置小屋の戸はさっき開けられたときのままだ半開きになっていて、時間だけが過ぎていった。それは長い時間に思われたが、それでもやはり、いつの間にか過ぎていた。彼は椋鳥が小さな群をなして芝生を走ったり、飛んだりするのを見守った。常に片方の目で揺れる戸に注意を払いながら、何羽いるのか幾度も繰り返し数えてみた。しかめ面をしたメイドがお茶の支度をしに入ってきたが、コンラディンは立ったまま、見つめ、待っていた。

16-2

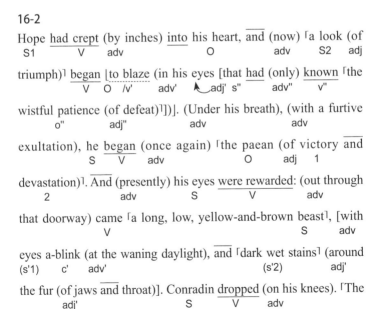

```
great polecat-ferret⌉ made its way (down) (to a small brook (at the
       S              V1       O      adv         adv              adj

foot (of the garden))), drank (for a moment), (then) crossed ⌈a little
 adj                     V2      adv             adv      V3

plank bridge⌉ and was lost (to sight) (in the bushes). Such was ⌈the
    O           V4        adv           adv           S    V

passing (of Sredni Vashtar)⌉.
   C           adj
```

・creep into [句動 vt] 徐々に広がる、忍び込む　・blaze (vi) 燃える　・wistful (adj) 物欲しげな、切ない　・furtive (adj) 密かな、こそこそした　・exultation (n) 歓喜　・paean (n) 凱歌、感謝の歌　・devastation (n) 破壊、荒廃　・waning (adj) 衰える、徐々に弱まる　・plank (n) 板　・passing (n) 通過、消滅、終わり

解説

l.1: by inches は熟語で「少しずつ」の意。

l.3: under one's breath は熟語で「小声で、声を潜めて」の意。

l.6-7: with eyes a-blink の a-blink という語は辞書等には見当たりません。おそらく名詞 blink「まばたき」に接頭辞 a がついて形容詞化されたものと思われます（sleep → asleep、wake → awake のように）。この種の形容詞は補語として用いられるのが常なので、この句は being が省略された SVC 型の独立分詞構文であるとみられます (with eyes being a-blink)。また、ここでは and で結ばれた次の並列句も、同様の独立分詞構文として扱っています（もちろん前置詞 with に導かれた副詞句とみることも可能です）。

l.8: drop on one's knees は熟語で「ひざまずく」の意。

l.11: such は代名詞で、前文の内容全体を受けています。

試訳

希望が少しずつ彼の心に広がっていった。そして今や、これまで敗北を切なく耐えることしか知らなかった彼の目に、勝利の喜びが燃えたちはじめた。声を殺して、密かな歓喜とともに、彼はふたたび勝利と破壊の凱歌を歌いだした。そしてほどなく彼の目は報われることとなった。小屋の戸口を通って、体が長く、背の低い、黄色と

茶色のまだらのけものが、暮れかけた日の光にまばたきし、顎と喉のあたりの毛皮に濡れた薄黒い染みをつけて姿を現した。コンラディンはひざまずいた。偉大なケナガイタチは庭の隅を流れる小川の方に降りていき、少しの間水を飲んでから、小さな板の橋を渡って、茂みのなかへと姿を消した。それが彼のスレドニ・ヴァシュターを見た最後であった。

17

["Tea is ready,"] said 「the sour-faced maid」; ["where is the mistress?"]
O1　s'　v'　c'　　　V　　　　　　S　　　　　O2　　　V　　S

「お茶の準備ができましたよ」しかめ面のメイドが言った。「奥様はどちらですか」

18

["She went down (to the shed) (some time ago),"] said Conradin.
O　s'　　v'　　adv'　　　　adv'　　　　　　V　　S

「すこし前に物置小屋のほうに行ったよ」コンラディンは言った。

19

And [while the maid went [to summon her mistress (to tea)]],
　adv　　s'　　v'　adv'　/v"　　　　o"　　　　adv"
Conradin fished a toasting-fork (out of the sideboard drawer) and
　S　　　V1　　　O　　　　　　adv
proceeded [to toast himself 「a piece (of bread)」]. And (during the
　V2　　adv　/v'　　io'　　do'　　adj'　　　　　　adv
toasting (of it) and the buttering (of it) (with much butter) and the
　1　　　adj　　2　　　　adj　　　adv
slow enjoyment [of eating it]), Conradin listened (to the noises and
　3　　　　adj　 /v'　o'　　S　　　V　　　　adv

125

Sredni Vashtar

silences [which fell (in quick spasms) (beyond the dining-room door)].
　　　　　adj　s'　　v'　　adv'　　　　　　　adv'

「The loud foolish screaming (of the maid)」, 「the answering chorus
　　　　　　1　　　　　　adj　　　　　　　　　　2

(of wondering ejaculations) (from the kitchen region)」, 「the scuttering
adj　　　　　　　　　　　　adj　　　　　　　　　　　　　　　3

footsteps」and「hurried embassies (for outside help)」, and (then), (after
　　　　4　　　　　　adj　　　　　　　adv　　　　　　　adv　　adv

a lull), 「the scared sobbings」and「the shuffling tread (of those [who
　　　　　　　5　　　　　　　　　　6　　　　　　adj　　　adj　s'

bore「a heavy burden」(into the house)])」.
v'　　　o'　　　　　adv'

- summon *(vt)* 呼び出す　・fish *(vt)* 取り出す、探し出す　・proceed *(vi)* 取りかかる、続ける
- spasm *(n)* 発作的な活動、痙攣　・ejaculation *(n)* 突然の叫び、絶叫　・scutter *(n)* 慌てて走る (英方言。scurry に同じ)　・embassy *(n)* 使節団、使い　・lull *(n)* 一時的に静まること、小やみ　・shuffle *(vi)* 足を引きずって歩く・tread *(n)* 足音、足取り・bear *(vt)* 重荷を負う、運ぶ

解説

l.7: この一文は文章としての主語述語を欠いて、情景描写の連続だけで構成されています。前文でコンラディンが「耳を傾けた」内容を具体的に示しており、どれも聴覚で捉えた描写になっています。

試訳

そしてメイドが奥様をお茶に呼びに行っている間に、コンラディンは食器棚の引出しからパン焼き用のフォークを探し出すと、自分用に一切れのパンを焼き始めた。それを焼いて、たっぷりとバターを塗り、ゆっくり楽しんで食べながら、コンラディンは食堂のドアの向こう側で、何度も突発的に騒がしくなったり、静まりかえったりするのに耳を傾けた。メイドの愚かしい金切り声、それに応じて一斉にあがる台所あたりからの驚きの叫び、慌てて走る足音と外に助けを求めに急いで使いが出される物音、そしてその後、しばらく静まってから、おびえたすすり泣きの声と、家の中になにか重いものを運び込む者たちが、足を引きずる音。

20

⌊"Whoever will break it (to the poor child)? I couldn't (for the life
O s'   v' o' adv'   s'   adv'

of me)!"⌋ exclaimed ⌈a shrill voice⌉. And [while they debated the matter
     V   S   adv s' v' o'

(among themselves)], Conradin made himself ⌈another piece (of toast)⌉.
 adv'   S V iO   dO   adj

・break *(vt)* (主に悪い知らせを)〔to 人に〕そっと打ち明ける、知らせる　・shrill *(adj)* 甲高い

解説

l.1-2: I couldn't は前文と同じ述語が省略された形。couldn't は「〜のはずがない」。for the life of me は否定を強調する表現。直訳「私の命にかけても」→「どうしても、とても〜できない」

試訳

「いったい誰があのかわいそうな子に知らせるの？　私にはとてもできませんよ！」かん高い声が叫んだ。そして彼らがそのことについて相談している間、コンラディンは自分でもう一枚トーストを焼いた。

Sredni Vashtar

スレドニ・ヴァシュター

　コンラディンは十歳だったが、医者の見立てでは、あと五年は生きられないだろうとのことだった。医者は物腰柔らかくて無気力な、ほとんど影響力を持たない人物だったが、その意見はデ・ロップ夫人によって支持されていて、そして彼女のほうはほとんどあらゆることに影響力を持っていた。デ・ロップ夫人はコンラディンの従姉で後見人で、彼の目には、避けがたい、不愉快な、実在する世界の五分の三を代表する者として映っていた。残りの五分の二は、前者に対する永続的な対立関係にあって、彼自身と彼の想像力を典型とする世界だった。いずれ近いうちに、彼は例えば病気とか、過保護による束縛とか、長々と続く退屈といった、うんざりするような避けられないことどもの、圧倒的な力に屈服してしまうだろう、とコンラディンは思っていた。孤独に拍車をかけられ際限がなくなった想像力なしには、彼はとうの昔に仆(たお)れていたことだろう。

　デ・ロップ夫人は、最も偽りのない気持ちのときでさえ、自分がコンラディンを嫌っているなどと自認することはなかったであろう。とはいえ彼女は、「彼のためを思って」彼のすることを邪魔立てするのが自分のつとめであり、そのことはさほど嫌でもないとぼんやり自覚していた。彼のほうは心底から彼女を嫌い抜いていたが、それを完璧に隠しおおせていた。彼が自分で思いついた数少ない楽しみは、それらが彼の後見人の気分を害する見込みがあれば、それだけますます面白みを増した。そして彼の想像力の王国から彼女は閉め出されていた ── 不浄なものは、立ち入りを許されないのだ。

　退屈で陰気くさい庭をたくさんの窓が見下ろしていた。それらの窓は今にも開いて、あれやこれやをするなというお達しか、薬を飲みなさいという注意が飛んできそうだった。そんな庭に彼はほとんど魅力を感じなかった。庭に植えられたわずかな果樹は、まるで乾いた荒野に花を咲かせる希少種の見本かなにかのように、彼が実を摘み取らな

スレドニ・ヴァシュター

いよう油断なく遠ざけられていた。とはいえ、それらの年間合わせての全収穫量に対して、10シリングも出そうとする果物問屋を見つけるのはたぶん難しかったろう。しかし庭の忘れられた片隅に、薄暗い低木の茂みの陰にほとんど隠れて、今は使われていないかなり大きな物置小屋があった。その内部にコンラディンは安息の場所を見いだしていた。そこは遊戯室にもなれば神殿にもなるといった具合に、様々に変わる役割を担っていた。彼はそこに、あるいは歴史の一場面から、またあるいは彼自身の頭の中から呼び出した、親しい幻影たちの大群を住まわせていた。しかしそこにはまた、血肉を備えた二匹の同居人もいた。一方の隅にはみすぼらしい羽並のウーダン種のめんどりが住んでいて、少年はそれに、他にはほとんどはけ口のない愛情を惜しみなく注いでいた。ずっと奥の暗がりには大きな檻が置いてあり、それは二つの区画に仕切られていて、一方の正面にはびっしりと鉄の棒がはまっていた。これが大きなケナガイタチのすみかで、あるとき親しくしている肉屋の小僧が、長いことひそかに貯めておいた銀貨の小銭と引き換えに、檻ごとこっそり今の住居へと持ち込んでくれたものだった。コンラディンはそのしなやかな、鋭い牙を持つ獣がひどく怖かったが、それは彼の持つ最も大事な宝物だった。それが物置小屋にいるというまさにそのことが、秘密の、恐ろしい喜びであり、細心の注意を払って「あの女」――ひそかに彼は従姉を「あの女」と呼んでいたのだ――に知られぬようにしなければならないことだった。そしてある日、どんな由来があるのかは知るよしもないが、彼はその獣にすばらしい名前をつけてやり、その瞬間から、それは神となり、宗教となった。「あの女」は週に一度、近くの教会で信仰にふけっていて、コンラディンも一緒に連れていったが、彼にとって教会の礼拝はリモンの神殿の異教徒の儀式だった。木曜日ごとに、物置小屋の薄暗くかび臭い静寂のなか、彼は偉大なるイタチ、スレドニ・ヴァシュターが住まう木製の檻の前で、神秘的で念入りな祭祀を執り行い、礼拝した。花の季節には赤い花が、そして冬の間は深紅の漿果が彼の聖堂に捧げられた、というのも彼は物事の激烈でじりじりするような側面をことのほか重要視する神だったからで、それは「あの女」の宗教とは対照

的だった。あちらは、コンラディンの観察し得た限りでは、およそ正反対の方向に遠ざかっていた。そして大きな祭日にはナツメグの粉が彼の檻の前に撒かれたが、その捧げ物の大事な特性として、そのナツメグは盗んできたものでなければならなかった。これらの祭事は不定期に執り行われるもので、たいてい何らかの一過性の出来事を祝うために予定が組まれた。かつて、デ・ロップ夫人が三日間激しい歯痛に苦しんだときには、コンラディンはその三日間ぶっ通しで祭事を続け、スレドニ・ヴァシュターがじきじきにその歯痛の原因を招いたのだと、ほとんど信じ込みかけたほどだった。もしも病気がもう一日続いていたら、ナツメグのたくわえは底をついていただろう。

ウーダン種のめんどりがスレドニ・ヴァシュターの儀式に引き入れられることは決してなかった。コンラディンはずっと前から彼女が再洗礼派教徒であると決めていた。彼は再洗礼派教徒というのがどういうものなのかまったく知らなかったが、ひそかにそれが血気盛んで、あまり立派ではないものなのではないかと見込んでいた。デ・ロップ夫人というご立派な見本があったから、彼はおよそご立派なものが大嫌いだったのである。

しばらくするうちに、コンラディンの物置小屋での熱中ぶりが、彼の後見人の注意をひきはじめた。「あの子がどんな天気でもあんなところでぶらぶらしているのは、良くないことだわ」彼女はすぐにそう決めつけた。そして、ある朝、朝食の席で、彼女は例のウーダン種のめんどりを、昨夜のうちに売り払ってしまったと告げた。彼が激しい怒りと悲しみを爆発させるのを待ちながら、彼女は近視の目でコンラディンをじっと見つめた。そうなったらすばらしい教訓と論法のよどみない弁舌でもって、叱ってやろうと身構えていた。しかしコンラディンは何も言わなかった。言うことなど何もなかった。ことによると、彼の蒼白な、こわばった顔を見て、彼女もつかの間気がとがめたかもしれない、というのも午後のお茶の時間にはテーブルにトーストが出されたから。それは彼女が、彼の体に良くないという理由から、いつもは禁止していたごちそうだった。また、それを作るには「手間がかかる」が、手間をかけさせられるなんて中産階級の女性にとってみれ

ばひどく侮辱的なことだったからでもあった。
「トーストは好きだと思っていたけど」彼がそれに手をつけないことに気付いて、気を悪くした様子で彼女は叫んだ。
「時によるよ」とコンラディンは言った。
　その晩、物置小屋では、檻の中の神への礼拝のしかたにひとつの新機軸があった。これまでコンラディンは賛美の言葉を唱えるのを常としていたが、その晩は願い事をしたのである。
「僕のために願いを一つ、かなえてください、スレドニ・ヴァシュター」
　願いは具体的には口にしなかった。スレドニ・ヴァシュターは神なのだから、当然知っているはずだった。コンラディンは、もう一方の空っぽの隅を見て、しゃくり上げそうになるのをこらえながら、嫌でたまらない世界へと戻っていった。
　そして毎夜、待ち望んだ寝室の暗闇のなかで、また毎夕、物置小屋の薄暗がりのなかで、コンラディンが繰り返し唱える悲痛な祈りの声が聞こえてきた。「僕のために願いを一つ、かなえてください、スレドニ・ヴァシュター」
　デ・ロップ夫人はコンラディンが物置小屋に行くのをやめないのに気付いて、ある日、さらなる調査行へと赴くことにした。
「あの鍵のかかった檻のなかに何を飼っているの？」彼女は尋ねた。
「モルモットでしょ。みんな片づけてもらいますからね」
　コンラディンは唇を固く結んだ、しかし「あの女」は彼の寝室を漁りまわって彼が注意深く隠しておいた鍵を見つけだすと、すぐに彼女の発見をやり遂げようと物置小屋へと向かっていった。寒い午後で、コンラディンは家に留まるよう命じられていた。食堂のいちばん奥の窓から、低木の植え込みの隅の向こうに、ちょうど物置小屋の入口が見えたので、コンラディンはそこに腰を据えることにした。彼は「あの女」が入っていくのを見た。それから彼は彼女が聖なる檻の扉を開き、近視の目で、彼の神が隠されて横たわる分厚い藁の寝床を覗き込むところを想像した。ことによると彼女は苛立って、ぎこちなく藁をつつきまわすかもしれない。コンラディンは熱烈に、これが最後となる祈りの言葉を小声で唱えた。しかし祈りながらも、彼は自分が信じ

Sredni Vashtar

ていないのを知っていた。まもなく「あの女」が顔に彼の大嫌いなあの唇をすぼめた微笑みを浮かべて出てくるだろう、そして一、二時間もしたら、庭師が彼の素晴らしい神、もはや神ではなく、檻に入ったただの茶色いイタチにすぎないものを、運び出していってしまうだろうことを知っていた。そして「あの女」は今回勝利を収めたのと同様に、これからも常に勝利するだろう、そして彼は彼女のしつこい、かさにかかった、一枚上手の悪知恵に押しつぶされて、ますます病弱になるだろう、そしていつかなにもかもがもはやどうでもよくなって、医者の診断が正しかったということになってしまうだろうことを知っていた。敗北の痛みとみじめさの中で、彼は危機に瀕した彼の偶像のための聖歌を大声で、挑みかかるように歌いだした。

スレドニ・ヴァシュターは進み出た。
その想いは赤く、その歯は白かった。
敵は和平を求めたが、彼は死をもたらした。
美しいスレドニ・ヴァシュター。

それから彼は突然歌うのをやめると、窓ガラスにより近く身を寄せた。物置小屋の戸はさっき開けられたときのままだ半開きになっていて、時間だけが過ぎていった。それは長い時間に思われたが、それでもやはり、いつの間にか過ぎていた。彼は椋鳥が小さな群をなして芝生を走ったり、飛んだりするのを見守った。常に片方の目で揺れる戸に注意を払いながら、何羽いるのか幾度も繰り返し数えてみた。しかめ面をしたメイドがお茶の支度をしに入ってきたが、コンラディンは立ったまま、見つめ、待っていた。希望が少しずつ彼の心に広がっていった。そして今や、これまで敗北を切なく耐えることしか知らなかった彼の目に、勝利の喜びが燃えたちはじめた。声を殺して、密かな歓喜とともに、彼はふたたび勝利と破壊の凱歌を歌いだした。そしてほどなく彼の目は報われることとなった。小屋の戸口を通って、体が長く、背の低い、黄色と茶色のまだらのけものが、暮れかけた日の光にまばたきし、顎と喉のあたりの毛皮に濡れた薄黒い染みをつけて

姿を現した。コンラディンはひざまずいた。偉大なケナガイタチは庭の隅を流れる小川の方に降りていき、少しの間水を飲んでから、小さな板の橋を渡って、茂みのなかへと姿を消した。それが彼のスレドニ・ヴァシュターを見た最後であった。
「お茶の準備ができましたよ」しかめ面のメイドが言った。「奥様はどちらですか」
「すこし前に物置小屋のほうに行ったよ」コンラディンは言った。
　そしてメイドが奥様をお茶に呼びに行っている間に、コンラディンは食器棚の引出しからパン焼き用のフォークを探し出すと、自分用に一切れのパンを焼き始めた。それを焼いて、たっぷりとバターを塗り、ゆっくり楽しんで食べながら、コンラディンは食堂のドアの向こう側で、何度も突発的に騒がしくなったり、静まりかえったりするのに耳を傾けた。メイドの愚かしい金切り声、それに応じて一斉にあがる台所あたりからの驚きの叫び、慌てて走る足音と外に助けを求めに急いで使いが出される物音、そしてその後、しばらく静まってから、おびえたすすり泣きの声と、家の中になにか重いものを運び込む者たちが、足を引きずる音。
「いったい誰があのかわいそうな子に知らせるの？　私にはとてもできませんよ！」かん高い声が叫んだ。そして彼らがそのことについて相談している間、コンラディンは自分でもう一枚トーストを焼いた。

The Story-Teller

1. It was a hot afternoon, and the railway carriage was correspondingly sultry, and the next stop was at Templecombe, nearly an hour ahead. The occupants of the carriage were a small girl, and a smaller girl, and a small boy. An aunt belonging to the children occupied one corner seat, and the further corner seat on the opposite side was occupied by a bachelor who was a stranger to their party, but the small girls and the small boy emphatically occupied the compartment. Both the aunt and the children were conversational in a limited, persistent way, reminding one of the attentions of a housefly that refuses to be discouraged. Most of the aunt's remarks seemed to begin with "Don't," and nearly all of the children's remarks began with "Why?" The bachelor said nothing out loud.

2. "Don't, Cyril, don't," exclaimed the aunt, as the small boy began smacking the cushions of the seat, producing a cloud of dust at each blow.

3. "Come and look out of the window," she added.

4. The child moved reluctantly to the window. "Why are those sheep being driven out of that field?" he asked.

5. "I expect they are being driven to another field where there is more grass," said the aunt weakly.

6. "But there is lots of grass in that field," protested the boy; "there's nothing else but grass there. Aunt, there's lots of grass in that field."

7. "Perhaps the grass in the other field is better," suggested the aunt fatuously.

8. "Why is it better?" came the swift, inevitable question.

9 "Oh, look at those cows!" exclaimed the aunt. Nearly every field along the line had contained cows or bullocks, but she spoke as though she were drawing attention to a rarity.

10 "Why is the grass in the other field better?" persisted Cyril.

11 The frown on the bachelor's face was deepening to a scowl. He was a hard, unsympathetic man, the aunt decided in her mind. She was utterly unable to come to any satisfactory decision about the grass in the other field.

12 The smaller girl created a diversion by beginning to recite "On the Road to Mandalay." She only knew the first line, but she put her limited knowledge to the fullest possible use. She repeated the line over and over again in a dreamy but resolute and very audible voice; it seemed to the bachelor as though some one had had a bet with her that she could not repeat the line aloud two thousand times without stopping. Whoever it was who had made the wager was likely to lose his bet.

13 "Come over here and listen to a story," said the aunt, when the bachelor had looked twice at her and once at the communication cord.

14 The children moved listlessly towards the aunt's end of the carriage. Evidently her reputation as a story-teller did not rank high in their estimation.

15 In a low, confidential voice, interrupted at frequent intervals by loud, petulant questionings from her listeners, she began an unenterprising and deplorably uninteresting story about a little girl who was good, and made friends with every one on account of her goodness, and was finally saved from a mad bull by a number of rescuers who admired her moral character.

16 "Wouldn't they have saved her if she hadn't been good?" demanded the bigger of the small girls. It was exactly the question that the bachelor had wanted to ask.

17 "Well, yes," admitted the aunt lamely, "but I don't think they would have run quite so fast to her help if they had not liked her so much."

18 "It's the stupidest story I've ever heard," said the bigger of the small girls, with immense conviction.

19 "I didn't listen after the first bit, it was so stupid," said Cyril.

20 The smaller girl made no actual comment on the story, but she had long ago recommenced a murmured repetition of her favourite line.

21 "You don't seem to be a success as a story-teller," said the bachelor suddenly from his corner.

22 The aunt bristled in instant defence at this unexpected attack.

23 "It's a very difficult thing to tell stories that children can both understand and appreciate," she said stiffly.

24 "I don't agree with you," said the bachelor.

25 "Perhaps you would like to tell them a story," was the aunt's retort.

26 "Tell us a story," demanded the bigger of the small girls.

27 "Once upon a time," began the bachelor, "there was a little girl called Bertha, who was extraordinarily good."

28 The children's momentarily-aroused interest began at once to flicker; all stories seemed dreadfully alike, no matter who told them.

29 "She did all that she was told, she was always truthful, she kept her clothes clean, ate milk puddings as though they were jam tarts, learned her lessons perfectly, and was polite in her manners."

30 "Was she pretty?" asked the bigger of the small girls.

31 "Not as pretty as any of you," said the bachelor, "but she was horribly good."

32 There was a wave of reaction in favour of the story; the word horrible in connection with goodness was a novelty that

commended itself. It seemed to introduce a ring of truth that was absent from the aunt's tales of infant life.

33 "She was so good," continued the bachelor, "that she won several medals for goodness, which she always wore, pinned on to her dress. There was a medal for obedience, another medal for punctuality, and a third for good behaviour. They were large metal medals and they clicked against one another as she walked. No other child in the town where she lived had as many as three medals, so everybody knew that she must be an extra good child."

34 "Horribly good," quoted Cyril.

35 "Everybody talked about her goodness, and the Prince of the country got to hear about it, and he said that as she was so very good she might be allowed once a week to walk in his park, which was just outside the town. It was a beautiful park, and no children were ever allowed in it, so it was a great honour for Bertha to be allowed to go there."

36 "Were there any sheep in the park?" demanded Cyril.

37 "No," said the bachelor, "there were no sheep."

38 "Why weren't there any sheep?" came the inevitable question arising out of that answer.

39 The aunt permitted herself a smile, which might almost have been described as a grin.

40 "There were no sheep in the park," said the bachelor, "because the Prince's mother had once had a dream that her son would either be killed by a sheep or else by a clock falling on him. For that reason the Prince never kept a sheep in his park or a clock in his palace."

41 The aunt suppressed a gasp of admiration.

42 "Was the Prince killed by a sheep or by a clock?" asked Cyril.

43 "He is still alive, so we can't tell whether the dream will come true," said the bachelor unconcernedly; "anyway, there were no

sheep in the park, but there were lots of little pigs running all over the place."

"What colour were they?"

"Black with white faces, white with black spots, black all over, grey with white patches, and some were white all over."

The story-teller paused to let a full idea of the park's treasures sink into the children's imaginations; then he resumed:

"Bertha was rather sorry to find that there were no flowers in the park. She had promised her aunts, with tears in her eyes, that she would not pick any of the kind Prince's flowers, and she had meant to keep her promise, so of course it made her feel silly to find that there were no flowers to pick."

"Why weren't there any flowers?"

"Because the pigs had eaten them all," said the bachelor promptly. "The gardeners had told the Prince that you couldn't have pigs and flowers, so he decided to have pigs and no flowers."

There was a murmur of approval at the excellence of the Prince's decision; so many people would have decided the other way.

"There were lots of other delightful things in the park. There were ponds with gold and blue and green fish in them, and trees with beautiful parrots that said clever things at a moment's notice, and humming birds that hummed all the popular tunes of the day. Bertha walked up and down and enjoyed herself immensely, and thought to herself: 'If I were not so extraordinarily good I should not have been allowed to come into this beautiful park and enjoy all that there is to be seen in it,' and her three medals clinked against one another as she walked and helped to remind her how very good she really was. Just then an enormous wolf came prowling into the park to see if it could catch a fat little pig for its supper."

"What colour was it?" asked the children, amid an immediate

quickening of interest.

53-1 "Mud-colour all over, with a black tongue and pale grey eyes that gleamed with unspeakable ferocity. The first thing that it saw in the park was Bertha; her pinafore was so spotlessly white and clean that it could be seen from a great distance. Bertha saw the wolf and saw that it was stealing towards her, and she began to wish that she had never been allowed to come into the park. She ran as hard as she could, and the wolf came after her with huge leaps and bounds. She managed to reach a shrubbery of myrtle bushes and she hid herself in one of the thickest of the bushes. The
53-2 wolf came sniffing among the branches, its black tongue lolling out of its mouth and its pale grey eyes glaring with rage. Bertha was terribly frightened, and thought to herself: 'If I had not been so extraordinarily good I should have been safe in the town at this moment.' However, the scent of the myrtle was so strong that the wolf could not sniff out where Bertha was hiding, and the bushes were so thick that he might have hunted about in them for a long time without catching sight of her, so he thought he might as well
53-3 go off and catch a little pig instead. Bertha was trembling very much at having the wolf prowling and sniffing so near her, and as she trembled the medal for obedience clinked against the medals for good conduct and punctuality. The wolf was just moving away when he heard the sound of the medals clinking and stopped to listen; they clinked again in a bush quite near him. He dashed into the bush, his pale grey eyes gleaming with ferocity and triumph, and dragged Bertha out and devoured her to the last morsel. All that was left of her were her shoes, bits of clothing, and the three medals for goodness."

54 "Were any of the little pigs killed?"

55 "No, they all escaped."

56 "The story began badly," said the smaller of the small girls, "but

it had a beautiful ending."

57 "It is the most beautiful story that I ever heard," said the bigger of the small girls, with immense decision.

58 "It is the *only* beautiful story I have ever heard," said Cyril.

59 A dissentient opinion came from the aunt.

60 "A most improper story to tell to young children! You have undermined the effect of years of careful teaching."

61 "At any rate," said the bachelor, collecting his belongings preparatory to leaving the carriage, "I kept them quiet for ten minutes, which was more than you were able to do."

62 "Unhappy woman!" he observed to himself as he walked down the platform of Templecombe station; "for the next six months or so those children will assail her in public with demands for an improper story!"

The Story-Teller 分析と解説

1

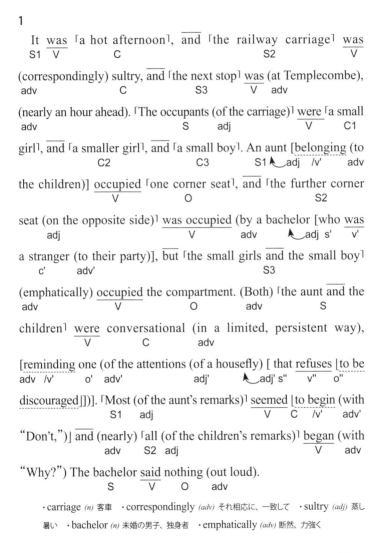

- carriage *(n)* 客車　・correspondingly *(adv)* それ相応に、一致して　・sultry *(adj)* 蒸し暑い　・bachelor *(n)* 未婚の男子、独身者　・emphatically *(adv)* 断然、力強く

・conversational *(adj)* 話好きな　・persistent *(adj)* 永続的な、しつこい

解説

l.1: It was a hot afternoon の It は「非人称の it」といい、天候や時間、距離などを表現する際に便宜上文を整えるために主語に置かれるもので、「それ」というふうには訳しません。

l.10-11: reminding one of the attentions of a housefly that refuses to be discouraged は分詞構文で、先行する主節を修飾していますが、内容的には and で結ばれる等位節に相当します。remind A of B「A に B のことを思い起こさせる」の構文で、A に当たるのが one（人）、B に当たるのが the attentions of a housefly（家バエが寄ってくること）。that refuses to be discouraged は housefly を先行詞とする関係詞節で、直訳すると「くじけさせられることを拒む（ハエ）」。全体として子供連れのうるさいお喋りを例えた表現になっています。以上をまとめて「いくら追い払っても寄ってくるハエのうるささを思わせた」と意訳します。

l.13: out loud は熟語で「声を出してはっきりと」の意。

試訳

　暑い午後で、列車の客室もそれ相応に蒸し暑く、次の駅はテンプルクームで、到着までにはまだ一時間近くもあった。客室を占領していたのは小さな女の子と、それよりもっと小さな女の子と、小さな男の子だった。子供たちに付き添う伯母さんが一方の隅の席に座り、向かい側のもっと奥の隅は、その一団とは無関係の独身男によって占められていたが、その女の子たちと男の子が断然そのコンパートメントを占有していた。伯母さんも子供たちも、同じような話を延々繰り返ししゃべっていて、いくら追い払っても寄ってくるハエのうるささを思わせた。伯母さんの大部分の発言は「だめよ」から始まるようだったし、子供たちのほとんど全ての発言は「どうして」から始まっていた。独身男はひとこともものを言わなかった。

2 ~ 8

["Don't, Cyril, don't,"] exclaimed the aunt, [as「the small boy」
O　　　　　　　　　　　V　　　　　S　　adv　　s'

began ⌊smacking 「the cushions (of the seat)」⌋, [producing 「a cloud (of
───── ───────   ───────────────────   ─────────   ──────────
 v' o'   /v"   o"   adj"   adv'   /v"   o"   adj"

dust)」 (at each blow)]].
             adv"

　⌊"Come and look out of the window,"⌋ she added.
   ──── ─── ─────────── ──────────   ─── ─────
   O   v'1   v'2   o'   S   V

　The child moved (reluctantly) (to the window). ⌊"Why are 「those
   ───────── ─────   ─────────   ─────────   ─── ─────
     S   V   adv   adv   O

sheep」 being driven out (of that field)?"⌋ he asked.
───── ─────────────────   ───────────   ── ─────
 s'   v'   adv'   S   V

　⌊"I expect ⌊they are being driven (to another field [(where) there is
    ─ ────── ──── ────────────────   ──────────────   ──────   ──
    O s' v'   o' s"   v"   adv"   adj" adv'" v'"

「more grass」])」,"⌋ said the aunt (weakly).
 ──────────   ──── ────   ──────
   s'"   V   S   adv

　⌊"But there is 「lots of grass」 (in that field),"⌋ protested the boy;
        ───── ── ────────────   ─────────────   ───────── ─── ───
        O1   v'   s'   adv'   V   S

⌊"there's 「nothing (else) (but grass)」 (there).⌋ Aunt, there's 「lots of
  ────── ─ ─────── ────   ──────────   ──────   ────── ─ ───────
    O2 v'   s'   adj'   adj'   adv'   V   S

grass」 (in that field)."
       ─────────────
            adv

　⌊"(Perhaps) the grass (in the other field) is better,"⌋ suggested the
    ───────   ───────   ────────────────── ── ──────   ───────── ───
    O adv'   s'   adj'   v'   c'   V

aunt (fatuously).
──── ─────────
 S   adv

　"Why is it better?" came 「the swift, inevitable question」.
       ── ── ────── ────
       V S   C   V   S

　・smack *(vt)* 平手打ちをする　・look out of [句動 *vt*] 〜から外を見る　・reluctantly *(adv)*
　しぶしぶ、嫌々ながら　・drive out [句動 *vt*] 追い出す　・fatuously *(adv)* 愚かしく、浅はか
　にも　・swift *(adj)* 迅速な、素早い　・inevitable *(adj)* 避けられない、当然の

解説

　l.2: producing a cloud of dust.. は付帯状況の分詞構文で、直前の

as 節を補足的に修飾しており、and produced.. と言い換えられます。前の smacking とともに began の目的語となるとみるのは誤り。

　l.10: nothing but 〜は「〜の他は何も〜ない、〜に過ぎない」の構文。but は前置詞で、導く句は nothing を修飾する形容詞句になります。

　l.14: "Why is it better?" came the swift, inevitable question. の came は完全自動詞なのでせりふ部分は目的語にはなりません。冒頭小文字なので強いて全体を一文と捉えるならばせりふ部分は補語とみられるかもしれませんが、ここでは二文に分けて分析しておきます。

試訳
「だめよ、シリル、やめなさい」小さな男の子が座席のクッションを叩きはじめ、叩くたびに埃の雲をたてるのを見て、伯母さんが叫んだ。
「こっちへ来て、窓の外を見てなさい」と彼女は言い足した。
　子供はしぶしぶ窓のほうに移動した。「どうしてあの羊たちはあの原っぱから追い出されてるの？」彼は尋ねた。
「もっとたくさんの草のある原っぱに連れて行かれてるんじゃないかしら」伯母さんは自信なげに言った。
「でもあの原っぱにはたくさん草が生えてるじゃないか」男の子は異議を申し立てた。「あそこには草のほかには何もないよ。伯母さん、あの原っぱにはたくさん草が生えてるよ」
「きっとほかの原っぱの草のほうがいい草なのよ」伯母さんは愚かしい返事をした。
「どうしてそっちのほうがいいの？」すぐに、もっともな質問が返ってきた。

9〜11

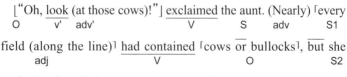

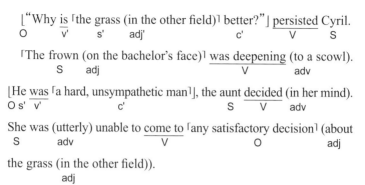

・bullock *(n)* 去勢牛、若い雄牛　・rarity *(n)* 稀なもの、珍品　・persist *(vi)* しつこく主張する、言い張る　・frown *(n)* しかめ面、眉を寄せること　・scowl *(n)* しかめ面、苦い顔　・unsympathetic *(adj)* 思いやりのない　・come to [句動 *vi*] 達する、思いつく

解説

l.3: as though she were drawing attention to a rarity. の従属接続詞 as though は as if と同義「まるで〜のように」で、仮定法の動詞形 were が用いられた副詞節（話し手が「事実でない、疑わしい」と感じている内容を表す）を導いています。

l.6: He was a hard, unsympathetic man, the aunt decided in her mind. は the aunt 以下が主節です。前半の節は伯母さんが考えた内容を直接話法と間接話法の折中のような形（自由間接話法）で描写したもので、decided の目的語として捉えられます。

試訳

「ほら、あの牛たちを見てごらん！」伯母さんは叫んだ。線路沿いのほとんどどの野原にも乳牛か去勢牛が放牧されていたが、まるで珍しいものに注意を引こうとしているかのような口ぶりだった。

「どうしてほかの原っぱの草のほうがいいの？」シリルが言いつのった。

独身男は眉をひそめた顔をいっそうしかめて、苦りきった顔になった。これは気難しい、思いやりのない人だ、と伯母さんは心の中できめつけた。彼女はほかの野原の草について、どんな満足のいく

回答もまったく思いつくことができなかった。

12

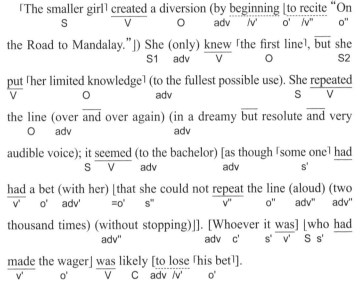

- diversion *(n)* 気晴らし、娯楽　・recite *(vt)* 暗唱する、朗唱する　・resolute *(adj)* 意志の固い、断固とした　・audible *(adj)* 聞こえる、聞き取れる　・wager *(n)* 賭け

解説

l.2: "On the Road to Mandalay." は Rudyard Kipling の詩 "Mandalay" をもとに Oley Speaks によって 1907 年に作曲された歌。イギリス統治下のビルマ（現ミャンマー）の旧王都 Mandalay への想いとそこでの恋愛をイギリス人の兵士が回想するという内容。なおサキ自身も軍人の子としてビルマに生まれています。

l.4: over and over again は熟語で「何度も繰り返して」の意。

l.6: had had a bet with her that she could not repeat the line.. の that 以下は a bet に掛かる同格の名詞節。「彼女がその行を繰り返せないという賭けを彼女とした」。節全体は仮定法過去完了の副詞節です。

l.7: Whoever it was who had made the wager は複合関係代名詞 whoever が導く譲歩の副詞節 Whoever it was「それが誰であったとしても」と、主語にあたる関係詞節 who had made the wager「その賭けをした人」（who は先行詞を内包し、the one that の意で、名詞節を導きます）が、コンマの区切れなく続いているものです。「それが誰だったにせよその賭けをした人は」

試訳

小さな方の女の子は「マンダレーへの途上で」を歌いだすことで気晴らしを見つけたようだった。彼女は一行目しか知らなかったのだが、そのわずかな知識を可能なかぎり十分に活用した。彼女はそのくだりを、夢見るような、しかし断固としたとてもよく通る声で、何度も何度も繰り返した。独身男にはそれがまるで、止まらずに二千回そのくだりを繰り返し歌うことはできないだろうと、誰かが彼女と賭けをしたのではないかというふうに思われた。それが誰だったにせよ、その賭けをした人は賭けに負けそうだった。

13 ~ 14

["Come (over here) and listen (to a story),"] said the aunt,
 O v'1   adv'   v'2   adv'   V   S

[when the bachelor had looked (twice) (at her) and (once) (at the
 adv   s'   v'   adv'   adv'   adv'   adv'

communication cord)].

The children moved (listlessly) (towards the aunt's end (of the
     S   V   adv   adv   adj

carriage)). (Evidently) ⌈her reputation (as a story-teller)⌉ did not
              adv   S   adj

rank high (in their estimation).
 V   C   adv

・communication cord *(n)* (列車内の) 非常通報用の紐　・listlessly *(adv)* 気乗り薄に、物憂げに　・reputation *(n)* 名声、評判

147

試訳

「こっちに来て、お話を聞きなさい」独身男が彼女のほうを二度見やり、そして非常通報用の引きひもへと一瞥をくれたとき、伯母さんは言った。

　子供たちは気乗りしない様子で、伯母さんのいる客室の隅へと移動した。明らかに話し手としての彼女の評判は、彼らの判断によると、高くはないようだった。

15

(In a low, confidential voice), [interrupted (at frequent intervals) (by loud, petulant questionings (from her listeners))], she began「an unenterprising and deplorably uninteresting story (about a little girl [who was good, and made friends (with every one) (on account of her goodness), and was (finally) saved (from a mad bull) (by a number of rescuers [who admired「her moral character」])])」.

・confidential *(adj)* 内密の、内緒事を打ち明ける　・petulant *(adj)* 短気な、こらえ性のない
・unenterprising *(adj)* 消極的な、変哲もない　・deplorably *(adv)* ひどく、嘆かわしくも

解説

　一文だけで構成された段落で、単純な SVO 型に多くの修飾部分が付加されたものです。原文はそのまま読み下せば内容が順に頭に入ってくるようにできていますが、日本語に訳す際には多少手を加える必要があります。簡潔にするためにいくつかの文に分けるのが適当でしょうが、なかでも、「女の子にまつわる話を始めた」となっているのに、その女の子を限定修飾（「〜である女の子」）する who 以下の関係詞節がその話の結末まで語ってしまっている部分は、

who の前にコンマを補って考え、継続用法的に（ここで文を二分して）解釈するのが妥当です。

l.1: interrupted at frequent intervals by.. は受動態の分詞構文で、付帯状況「～されながら」を表す副詞句です。at frequent intervals は「頻繁に、しばしば」の意。

l.4: make friends with は熟語で「～と友達になる」。on account of は「～の理由で、～のために」の意。

l.5-6: a number of は「多くの」の意。

試訳

内緒の話でもするかのようなひそめた声で、聞き手からの大声の、こらえ性のない問いかけにたびたび遮られながら、彼女はある女の子にまつわる、何の変哲もない、気の毒なくらいつまらない話をはじめた。その女の子はとてもいい子で、その善良さのおかげで誰とでも友達になれた。そしてついには、猛り狂った雄牛に襲われそうになったところを、彼女の徳性を賞賛するたくさんの人々によって救い出されたというのであった。

16～20

⌊"Wouldn't they have saved her [if she hadn't been good]?"⌋
 O   s'   v'   o' adv' s"   v"   o"
demanded ⌈the bigger (of the small girls)⌉. It was (exactly) the
  V   S   adj   S V   adv
question [that the bachelor had wanted [to ask]].
  C adj o"   s'   v'   o' /v'

⌊"Well, yes,"⌋ admitted the aunt (lamely), ⌊"but I don't think ⌊they
 O1 int'   V   S   adv   O2 s' v'   o' s"
would have run (quite so fast) (to her help) [if they had not liked
       v"   adv"   adv"   adv' s"'   v"'
her (so much)]⌋."⌋
o"' adv"'

⌊"It's ⌈the stupidest story⌉ [I've (ever) heard],"⌋ said ⌈the bigger (of
 O s' v'   c'   adj' s" adv"   v"   V   S   adj

the small girls)⌋, (with immense conviction).
　　　　　　　　　adv

⌊"I didn't listen (after the first bit), it was (so) stupid,"⌋ said Cyril.
 O s'1　　v'　　adv'　　　　　　s'2 v'　adv'　c'　　 V　 S

「The smaller girl」 made 「no actual comment」 (on the story), but
　　S1　　　　　　 V　　　　　O　　　　　　adv

she had (long ago) recommenced 「a murmured repetition (of her
S2　adv　　　　　　V　　　　　　　O　　　　　　　　　adj

favourite line)⌋.

・demand *(vt)* 要求する、(強い調子で)尋ねる、詰問する　・lamely *(adv)* ぎこちなく、頼りなく　・immense *(adj)* 巨大な、限りない　・conviction *(n)* 確信、信念　・recommence *(vt)* 再開する　・murmur *(v)* 小声で言う、呟く　・repetition *(n)* 反復、復唱

解説

l.1: 仮定法過去完了の疑問文。「もし〜だったなら、〜だっただろうか」。*l.4-6:* they would have run 〜 も同じく仮定法過去完了の文です。

試訳

「もしもその子がいい子じゃなかったら、その人たちは助けてくれなかったの？」小さな女の子たちのうちの大きな方が、強い調子で尋ねた。それはまさに独身男が訊いてみたいと思った質問だった。「それはまあ、助けたでしょうね」伯母さんはぎこちなく答えた。「でも、その子のことがそんなに好きじゃなかったら、みんなそこまで早く助けに駆けつけてはくれなかったと思うよ」

「今まで聞いたうちでいちばんばからしいお話だわ」大きい方の女の子が、確信に満ちた口調で言った。

「最初だけちょっと聞いてあとは聞いてなかったよ。あんまりばかげてるんだもん」シリルが言った。

　小さい方の女の子は、その物語については実際なにも論評は加えなかったが、もうずいぶん前から、彼女のお気に入りのくだりを再び小声で繰り返していた。

21 ~ 26

⌊"You don't seem ⌊to be「a success (as a story-teller)⌉」,"⌋ said the
O   s'   v' c' /v"   c"   adj"   V

bachelor (suddenly) (from his corner).
  S   adv   adv

The aunt bristled (in instant defence) (at this unexpected attack).
   S   V   adv   adv

⌊"It's「a very difficult thing⌉ ⌊to tell stories [that children can
O (s')v'   c'   s' /v"   o" adj" o'"   s'"

(both) understand and appreciate]],"⌋ she said (stiffly).
adv'"   v'"1   v'"2   S V   adv

⌊"I don't agree (with you),"⌋ said the bachelor.
O s'   v'   adv'   V   S

⌊"(Perhaps) you would like ⌊to tell them a story⌉,"⌋ was「the aunt's
S adv'   s'   v' o' /v"   io"   do"   V

retort⌉.
C

⌊"Tell us a story,"⌋ demanded「the bigger (of the small girls)⌉.
O v' io' do'   V   S   adj

・bristle *(vi)* 苛立つ、気色ばむ　・retort *(n)* 反論

試訳

「あなたは話し手としてはうまくいっていないようですね」突然客室の隅から、独身男が言った。
　この予期せぬ攻撃に、伯母さんは気色ばんで、すぐに防御の構えをとった。
「子供たちが理解できて、同時に楽しめるようなお話をするのは、とても難しいことなんですよ」彼女は堅い口調で言った。
「同意しかねますね」独身男は言った。
「きっと、子供たちにお話をしてあげたいとお思いなのね」というのが伯母さんの応酬だった。
「お話してよ」と大きな方の女の子がねだった。

The Story-Teller

27 ~ 31

⌊"Once upon a time,"⌋ began the bachelor, ⌊"there was ⌈a little
 O1 adv'   V   S   O2   v'   s'

girl [called Bertha]⌉, [who was (extraordinarily) good]."⌋
       adj' /v"   c"   adj s" v"   adv"   c"

⌈The children's momentarily-aroused interest⌉ began (at once) ⌊to
                                        S   V   adv   O

flicker⌋; ⌈all stories⌉ seemed (dreadfully) alike, [no matter who told
              S   V   adv   C   adv   s' v'

them].
 o'

"She did all [that she was told], she was (always) truthful, she
 S1 V   O   adj o' s'   v'   S2 V   adv   C   S3

kept ⌈her clothes⌉ clean, ate ⌈milk puddings⌉ [as though they were
 V1   O   C   V2   O   adv   s'   v'

⌈jam tarts⌉], learned ⌈her lessons⌉ (perfectly), and was polite (in her
    c'   V3   O   adv   V4   C   adv

manners)."

⌊"Was she pretty?"⌋ asked ⌈the bigger (of the small girls)⌉.
 O   v' s'   c'   V   S   adj

⌊"Not (as) pretty [as ⌈any (of you)⌉],"⌋ said the bachelor, ⌊"but she
 O1   adv' c' adv'   s"   adj"   V   S   O2   s'

was (horribly) good."⌋
 v'   adv'   c"

・momentarily *(adv)* 少しの間、一瞬 ・arouse *(vi)* 目覚めさせる、呼び起こす ・flicker *(vi)* (炎、光などが) 揺らめく、徐々に消える ・dreadfully *(adv)* すごく、非常に

解説

l.1: Once upon a time は昔話の冒頭の決まり文句。「むかしむかし」
l.4: no matter (who) ~ は譲歩「たとえ(誰が)~しても」の意味を表す副詞節を導く、慣用表現的な従属接続詞(+疑問詞)。whoever

に同じ。

l.11: Not as pretty as any of you, は比較構文 as ... as ~「~と同程度...」。後の as はこの文のように名詞(句)のみを受けていても、述語と補語（主節と同一）が省略されているものとみて、従属節を導く接続詞と捉えます。この文では主節も She was が省略されています。

試訳

「むかしむかし」独身男は話しだした。「あるところに、バーサという小さな女の子がいて、その子はとびきりいい子でした」

　子供たちのつかの間かき立てられた興味は、たちまち風前の灯火となった。誰が話したとしても、お話というものは、どれもひどく似たりよったりなものに思われたのだ。

「その子は言いつけをみんな守りました。いつでも正直でした。いつも服をきれいにしていました。ミルク・プディングを出されてもまるでジャム・タルトのように喜んで食べたし、課題は完璧にこなしたし、お行儀だってとても良かったのです」

「可愛かった？」大きい方の女の子が尋ねた。

「君たちほどは可愛くなかった」独身男は言った。「でも、彼女はおそろしくいい子だったのです」

32～34

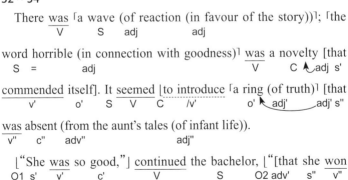

The Story-Teller

(on to her dress)]]].」There was「a medal (for obedience)」,「another
adv''''   V   S1   adj

medal (for punctuality)」, and「a third (for good behaviour)」. They
S2   adj   S3   adj   S1

were「large metal medals」and they clicked (against one another)
V   C   S2   V   adv

[as she walked].「No other child (in the town [where she lived])」
adv s' v'   S1   adj   ↑adj adv' s' v'

had「as many as three medals」, so everybody knew [that she must
V   O   S2   V   O   s'

be「an extra good child」]."
v'   c'

  「"(Horribly) good,"」quoted Cyril.
O   adv'   c'   V   S

・novelty (n) 珍しいもの、目新しいもの ・commend (vt) 褒める、ゆだねる ・ring (n)（言葉、声などの）響き ・obedience (n) 従順、服従 ・punctuality (n) 時間厳守 ・click (vi) カチッと鳴る ・quote (vt) 引用する

解説

l.1: in favour of~ は群前置詞で「～を支持する、～の利益になる」の意。

l.3: commend itself は慣用表現で「訴えかけるもの（美点）を持つ、好印象を与える」というような意味。

l.5-6: she won several medals for goodness, which she always wore, pinned on to her dress. は several medals を関係詞節と、形容詞的用法の過去分詞が修飾している形です。関係詞節を書き換えると and she always wore the medals pinned on to her dress. となります。分詞構文ではなく（もしも現在分詞 pinning であれば wore にかかる分詞構文）、wore と pinned が並列の関係にある述語動詞というのでもありません。「彼女はいくつかの『善行』メダルをもらって、服にピン留めされたそれらをいつも身につけていた」

l.11: as many as + 数字は同等比較の熟語で、数が多い感じを表し

ます。「〜もの」
試訳
　そのお話への肯定的な反応が、波立つように広がっていった。善良さに結びつけられた「おそろしい」という言葉には、訴えかけるものを持つ目新しさがあったのである。それは、伯母さんの物語る子供の生活には欠けていた、真実の響きをもたらしたように思われた。
「彼女はとてもいい子だったので」独身男は続けた。「いくつかの『善行』メダルをもらって、服にピン留めされたそれらをいつも身につけていました。一つは言いつけをよく聞いたことへの、もう一つは時間をしっかり守ったことへの、三つ目はよい行いへのメダルでした。それらは大きな金属製のメダルで、彼女が歩くとお互い触れ合ってカチカチと音をたてました。彼女の住む町では三つもメダルを持っている子供は他にいませんでしたから、みんな彼女が特別にいい子であるに違いないと承知していました」
「おっそろしくいい子」シリルが引用した。

35〜39

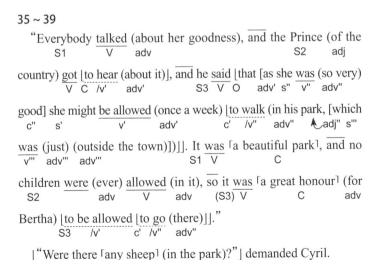

⌊"No,"⌋ said the bachelor, ⌊"there were ｢no sheep｣."⌋
O1　　 V 　　　　 S 　　　　 O2　　 v'　　 s'

⌊"Why weren't there ｢any sheep｣?"⌋ came ｢the inevitable question｣
O　　　 v'　　　　　 s'　　　　 V　　　　　 S

[arising (out of that answer)].
 adj /v'　　　 adv'

The aunt permitted herself a smile, [which might (almost) have
　 S 　　 V 　　　 iO 　　 dO　 adj s'　　　　　 adv'

been described as a grin.
　　 v'　　　　　 c'

・grin (n)（歯を見せて）にっこり、にやにやと笑うこと

解説

l.2: he said that as she was so very good she might.. は that 節を目的語に受ける SVO 型の文で、その that 節の冒頭には、従属接続詞 as に導かれた副詞節 as she was so very good が置かれています。この as は発言の根拠「〜だから」を表しますが、文脈にある伝聞のニュアンスも含ませて「とてもいい子らしいから」「そんなにとてもいい子なら」というように訳します。

l.3: she might be allowed once a week to walk... の to 不定詞句は補語。（これは他動詞 allow の受動態の文で、能動態に直すと He allowed her to walk... のようになり、SVOC 型となります）

l.11: The aunt permitted herself a smile, は SVOO 型で、直訳すると「伯母さんは自分自身にほほえむことを許した」。先ほど原っぱの草の件でやり込められた際に浴びた inevitable question を、今度は独身男が受けるのを見て「それ見たことか」と、若干気がとがめつつ、ほくそ笑んでしまった、というニュアンスの込められた表現です。

試訳

「みんなが彼女の善良さについて話していますと、その国の王子様がそのことをお聞き及びになって、その子がそんなにとてもいい子なら、週に一度、彼の庭園、それは町を出てすぐのところにあったのですが、そこに入ることを許してあげようとおっしゃいました。

それは美しい庭園で、それまで一人の子供も中に入れてもらえませんでしたから、そこに入るのを許されるのは、バーサにとってとても名誉なことでした」

「その庭園には羊はいたの？」シリルが尋ねた。

「いいえ」独身男は言った。「羊はいませんでした」

「なんで羊はいなかったの？」その返答から、不可避的に生じる質問が放たれた。

伯母さんは思わずほほえんだが、それはほとんど、にやにや笑いと表現されてもよさそうな笑顔だった。

40～46

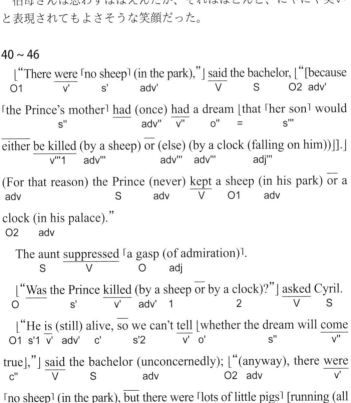

over the place]."」
 adv"

 "「What colour」 were they?"
   C   V S

 "Black (with white faces), white (with black spots), black (all
  C1 adv   C2 adv   C3 adv

over), grey (with white patches), and some were white (all over)."
 C4 adv   S V C4 adv

 The story-teller paused [to let 「a full idea (of the park's treasures)」
   S   V adv /v' o'   adj'

⌊sink (into the children's imaginations)]]; (then) he resumed:
c' /v" adv"   adv S V

・suppress *(vt)* 押さえる、我慢する　・gasp *(n)* あえぎ、はっと息をのむこと
・unconcernedly *(adv)* 無関心で、平気で　・pause *(vi)* 休止する　・resume *(vi)* 再開する

解説
l.2: that 以下は同格の名詞節で、a dream の具体的な内容を説明しています。
l.3: either A or B は「A か B のどちらか」。either は or と組み合わさって、相関的な等位接続詞として用いられます。

試訳
「庭園に羊はいませんでした」独身男は言った。「というのも、王子のお母様があるとき、王子は羊に殺されるか、さもなければ彼の上に時計が落ちてきて死ぬかのどちらかだと夢に見たからです。そんなわけで、王子様は決して庭園に羊を飼わなかったし、宮殿に時計を置かなかったのでした」
　伯母さんは感嘆の喘ぎを押し殺した。
「王子様は羊か時計に殺されたの？」シリルが尋ねた。
「王子様はまだ生きているよ、だからその夢が実現するかは分からないのです」独身男はこともなげに言った。「とにかく、公園には羊はいませんでした。だけど、園内の至るところを駆け回る、たくさんの子豚たちがいました」

分析と解説

「子豚たちは何色だった？」
「顔の白い黒いのや、黒い斑点のある白いのや、全身真っ黒のや、白いまだら模様のある灰色のや、それに何匹かは全身真っ白でした」
　話し手は、その庭園の宝物たちの全体像が、子供たちの心像に染みこむよう、いったん話をやめた。それから再び話しだした。

47〜50

　"Bertha was (rather) sorry [to find [that there were no flowers (in
　　　S　　V　　adv　　　C　adv /v'　o'　　　　　v"　s'　adv"

the park)]]. She had promised「her aunts」, (with tears (in her eyes)),
　　　　　　　S1　　V　　　　iO　　　adv　　　　adj

[that she would not pick「any (of the kind Prince's flowers)」], and she
dO　s'　　　　　　v'　　o'　　adj'　　　　　　　　　　　　　　S2

had meant [to keep「her promise」], so (of course) it made her [feel
　V　　　　　O /v'　　o'　　　　adv　　　　　　(S3)　V　O C /v'

silly] [to find [that there were no flowers [to pick]]]."
c'　　S3 /v'　o'　　　v"　　s"　　　　adj"

　"Why weren't there「any flowers」?"
　　　　V　　　　　　　S

　["Because the pigs had eaten them (all),"] said the bachelor
　　O　　　　　s'　　v'　　o'　adv'　　　　V　　　S

(promptly). "The gardeners had told the Prince [that you couldn't have
adv　　　　　S1　　　　　　V　　　iO　　dO s'　　　　　v'

「pigs and flowers」], so he decided [to have「pigs and no flowers」]."
　o'　　　　　　　　　S2　V　　　　O /v'　　o'

There was「a murmur (of approval)」 (at the excellence (of the
　　V　　　　S　　adj　　　　　adv　　　　　adj

Prince's decision));「so many people」would have decided「the other
　　　　　　　　　　　　　S　　　　　　　V　　　　　　O

way」.
　　・mean *(vt)* 〜するつもりである　・promptly *(adv)* 即座に　・murmur *(n)* つぶやき

159

・approval *(n)* 同意、承認

解説

l.8: The gardeners had told the Prince that you couldn't... は庭師が王子に言った内容を表す間接話法の文ですが、被伝達部（せりふ部分）の主語は本来 he になるべきところが、直接話法の文のように you になっています。一方、時制の一致は受けているので、これは小説によく用いられる折中的な用法（自由間接話法）と考えられます。

試訳

「バーサは庭園にお花が咲いていないのを見て、いくぶん残念に思いました。彼女は伯母さんたちに、目に涙を浮かべて、親切な王子様のお花を決して摘んだりしないと約束していたのです。そして彼女はその約束を守るつもりでしたから、もちろん、摘めるお花がないことが分かって、彼女はばかばかしい気分になったのでした」
「なんでお花が咲いてなかったの？」
「それというのも、子豚たちがお花を全部食べてしまったからなのです」独身男は即座に言った。「庭師たちは王子様に、豚とお花は一緒にしておけないと言いました、そこで王子様は、お花はなしにして豚を飼うことに決めたのでした」

王子の決定の素晴らしさに向けた、賛同の小さなざわめきが起こった。大多数の人々は、こんなとき別の決定を下したに違いないのだ。

51

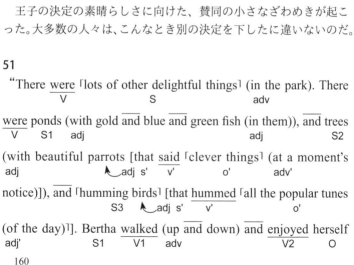

(immensely), and thought (to herself): ⌊'[If I were not (so extraordinarily)
 adv   V3   adv   O adv' s'' v''   adv''

good] I should not have been allowed ⌊to come (into this beautiful
  c''   s'   v'   c' /v''1   adv''

park) and enjoy all [that there is [to be seen (in it)]]],' ⌋ and「her
       /v''2 o''⌢adj'' s'''   v''' adj''' /v'''' adv''''   S2

three medals⌉ clinked (against one another) [as she walked] and
             V1   adv   adv s'   v'

helped ⌊to remind her ⌊how「very good⌉ she (really) was⌋⌋. (Just then)
 V2   O   /v'   io' do'   c''   s'' adv'' v''   adv

「an enormous wolf⌉ came prowling (into the park) [to see ⌊if it could
      S   V   C   adv   adv /v' o' s''

catch「a fat little pig⌉ (for its supper)]⌋."
 v''   o''   adv''

・parrot *(n)* オウム ・humming bird *(n)* ハチドリ ・hum *(v)*（鼻歌を）歌う、ブンブン音を立てる ・tune *(n)* 曲、ふし、音の調子 ・immensely *(adv)* 大いに、非常に ・prowl *(v)* うろつく、徘徊する

解説

l.3: at a moment's notice は熟語で「即座に、ただちに」の意。

l.5: of the day は熟語で「当時の、現代の」の意。

l.5: walk up and down は慣用表現で「行ったり来たりする」の意。

l.6: think to oneself は「ひそかに考える」の意。

l.8: enjoy all that there is to be seen in it, の all that there is は関係代名詞 that が、先行詞 all を修飾する there 構文を導く形（that は主格。there is all to be ..）で、慣用表現的に「あるだけのもの」の意。to be seen も all にかかる形容詞句。in it は「公園の中」で、形容詞句（all を修飾）、副詞句（enjoy あるいは be seen を修飾）のいずれとも解釈できますが、ここでは直前の be seen にかかる副詞句「その中で見られる」としておきます。「その中で見られるであろうあるだけのものを楽しむ」

試訳

「庭園にはその他にもたくさんの楽しいものがありました。金色や

161

The Story-Teller

青や緑の魚が泳ぐ池や、当意即妙に気の利いたせりふを言うきれいなオウムの住む木立があり、それに当代の流行歌をみんな歌えるハチドリもいました。バーサはあちこちを行きつ戻りつして、大いに楽しみ、心の中でこう考えました。『もしもわたしがそんなに並外れていい子でなかったら、このきれいなお庭に入って、ここで見られるあるだけのものを楽しむことは許されなかったんだわ』って。そうして彼女の三つのメダルは、彼女が歩くたびに打ち合わさってカチンカチンと音をたて、彼女に自分が本当にどれだけいい子なのかを思い出させました。ちょうどそのとき、一頭の大きな狼が、夕飯に太った子豚でも捕まえられないものかと、庭園のなかに忍び込んできました」

52 ～ 53-1

⌊"「What colour⌉ was it?"⌋ asked the children, (amid an immediate
O   c'   v' s'   V   S   adv

quickening (of interest)).
　　　　　　　　　　　　adj

"Mud-colour (all over), (with 「a black tongue⌉ and 「pale grey
　C   adv   adv   1   2

eyes⌉ [that gleamed (with unspeakable ferocity)]). 「The first thing⌉
　　 adj s'   v'   adv'   S

[that it saw (in the park)] was Bertha; 「her pinafore⌉ was 「(so
adj o' s' v'   adv'   V   C   S   V   adv

spotlessly) white and clean⌉ [that it could be seen (from a great
             C   adv   s'   v'   adv'

distance)]. Bertha saw the wolf and saw ⌊that it was stealing (towards
            S1   V1   O   V2 O   s'   v'   adv'

her)⌋, and she began ⌊to wish [that she had (never) been allowed ⌊to
         S2   V   O /v'   o'   s"   adv"   v"   c'"

come (into the park)⌋⌋⌋. She ran (as hard) [as she could], and the
 /v'"   adv'"   S1   V   adv   adv   s'

162

wolf came (after her) (with huge leaves and bounds). She managed
S2　V　　adv　　　　adv　　　　　　　　　　　　　S1　　V
[to reach「a shrubbery (of myrtle bushes)¹]」and she hid herself (in
O　/v'　　　o'　　　　　adj'　　　　　　　　　S2　V　　O　　adv

one (of the thickest (of the bushes))).
　　　adj　　　　　　adj

・quickening (n) 胎動感、加速すること　・gleam (vi) (かすかに、鈍く) 光る　・ferocity (n) 凶暴性、獰猛さ　・pinafore (n) 女性、子供用の胸当てのついた大きなエプロン　・spotlessly (adv) 染み一つなく　・steal (vi) こっそり動く、忍び寄る　・shrubbery (n) 低木の植え込み、生け垣　・myrtle (n) ギンバイカ

解説

l.1: amid an immediate quickening of interest. は直訳すると「ただちに生じた関心の胎動のただ中で」

l.5: her pinafore was so spotlessly white and clean that it could be seen.. は so ... that ~「とても ... なので~」の構文です。従属接続詞 that 以下は「結果」を表す副詞節。

l.8: she began to wish that she had never been allowed.. は SVO 型の文の目的語に当たる不定詞句が、願望を表す仮定法の表現「~だったらなあ」になっています。「彼女は自分が許されなければ良かったのにと思い始めた」

l.10: leaps and bounds は熟語的、比喩的に「飛躍」の意味で使われますが、ここでは直訳して「跳んだり跳ねたり」とします。

試訳

「狼は何色だった？」急に興味をかき立てられて、子供たちは尋ねた。「全身が泥色で、黒い舌、言葉に尽くせない獰猛さに光る薄い灰色の目をしていました。庭園のなかで、狼が最初に目をつけたのがバーサでした。というのも彼女のエプロンは染み一つなく白くて綺麗でしたので、遠くからでもよく見えたのです。バーサにも狼が見え、それが彼女に向かって忍び寄ってきているのが分かりました。彼女は庭園に来るのを許されなければ良かったのにと思いはじめました。彼女はできる限り一所懸命走りました。すると狼のほうは、大股に

The Story-Teller

飛び跳ねながら彼女の後を追いかけてくるのです。彼女はやっとのことでギンバイカの植え込みまでたどり着くと、茂みのいちばん濃く密生したところに身を隠しました。

53-2

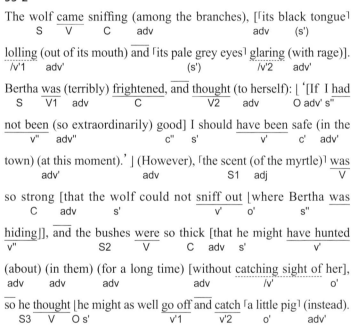

- sniff *(v)* においをくんくん嗅ぐ ・loll *(vt)* だらりと垂らす ・glare *(vi)* ぎらぎら光る
- scent *(n)* におい、香り ・sniff out [句動 *vt*] 嗅ぎつける ・about *(adv)* あちこちを
- catch sight of [句動 *vt*] 見つける ・go off [句動 *vi*] 立ち去る

解説

l.1-2: its black tongue lolling out of its mouth and its pale grey eyes glaring with rage. は主節を副詞的に修飾する独立分詞構文が等位接続詞 and によって二つ並置された形で、前半は its black tongue が分詞 lolling の意味上の主語。「黒い舌を口からだらりと垂らしながら」。

164

後半は its pale grey eyes が分詞 glaring の意味上の主語。「薄い灰色の目を激しい怒りにぎらぎら輝かせながら」。

l.9: might as well は熟語で助動詞的に働き、「(〜するなら) 〜した方がましだ、してもよい」の意。

試訳

狼は黒い舌を口からだらりと垂らし、薄い灰色の目を激しい怒りにぎらぎら輝かせながら、やってきて枝の間を嗅ぎまわりました。バーサはものすごく怖くなって、心の中で思いました。『もしも私があんなに並外れていい子でなかったら、今頃は町で安全にしていられたのに』って。ところが、ギンバイカの香りがとても強かったので、狼はバーサがどこに隠れているか嗅ぎ当てられず、それに茂みがとても深かったので、彼女を見つけられないまま、長い間その中を探し回ることになるかもしれませんでしたから、彼はそれならここを立ち去って、代わりに子豚を捕まえたほうがいいと考えました。

53-3

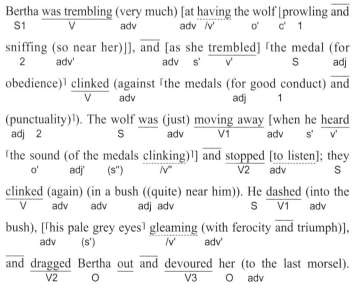

All [that was left] (of her) were「her shoes」,「bits of clothing」, and
S↑adj s'　　　v'　　adj　　　V　　　C1　　　　　　C2
「the three medals (for goodness)」."
　　　　C3　　　　　adj

・move away [句動 *vi*] 立ち去る　・drag out [句動 *vt*] 引っぱり出す、長引かせる
・devour *(vt)* むさぼり食う　・morsel *(n)* 一口、一片

解説

l.1-2: at having the wolf prowling and sniffing は動名詞 having を前置詞の目的語とする副詞的用法の前置詞句です。動名詞 having は句の中で動詞的に目的語 the wolf と目的格補語の現在分詞 prowling と sniffing を受けています。これは「使役動詞＋O＋分詞C」の形で、「OをCの状態にしておく、させる」の意味になります。

l.3-4: the medals for good conduct and punctuality は、そのまま読めば「善行と時間を守ったことへのメダル」ですが、以前に（33段落）言及があり、それぞれが別のメダルだと分かっていますから、ここでは the medal for good conduct and the medal for punctuality を、the medals というふうにまとめて簡潔に言い表していることが分かります。

l.5: the sound of the medals clinking の the medals は動名詞 clinking の意味上の主語。「メダルがカチカチ鳴っている音」

l.7: his pale grey eyes gleaming.. は独立分詞構文。「薄い灰色の目をきらめかせながら（彼は突進した）」

試訳

すぐ近くを狼がうろつきながら鼻をクンクンいわせるのを聞いて、バーサはひどく震えました。そして、彼女が震えるにつれて、言いつけをよく聞いたメダルが良い行いのメダルと時間をしっかり守ったメダルに当たってカチカチ鳴りました。メダルが鳴る音を耳にしたとき、狼はちょうどその場を立ち去ろうとしていましたが、立ち止まって耳を澄ましました。それらは彼のすぐそばの藪の中で、またカチカチ鳴りました。薄い灰色の目を残忍さと勝利の喜びにきらめかせながら、彼は藪の中に飛び込み、バーサを引きずり出すと、

最後のひとかけらまで食べつくしてしまいました。あとに残ったものは、彼女の靴と、衣服の破片と、三つの『善行』メダルだけでしたとさ」

54～58

"Were「any (of the little pigs)」killed?"
　　　 S　　 adj　　　　　　　　　V

"No, they (all) escaped."
　　　　S　　adv　　V

⌜"The story began (badly),"⌟ said「the smaller (of the small girls)」,
O1　s'1　 v'　　 adv'　　　　V　　　S　　　　　adj

⌜"but　it　had「a beautiful ending」."⌟
O2　　s'2　v'　　　　　o'

⌜"It is「the most beautiful story」[that I (ever) heard],"⌟ said「the
O　s' v'　　　　c'　　　　　　　　adj' o"　s" adv"　v"　　V

bigger (of the small girls)」, (with immense decision).
　S　　　　 adj　　　　　　　 adv

⌜"It is「the *only* beautiful story」[I have (ever) heard],"⌟ said Cyril.
O　s' v'　　　　c'　　　　　　　　adj' s"　　 adv"　v"　　　V　 S

試訳

「子豚はだれか殺されたの？」

「いいえ、みんな逃げてしまったよ」

「このお話、はじめはつまらなかったけど」小さな女の子たちのうちの小さな方が言った。「終わりはすてきだったわ」

「これまで聞いたうちで、いちばんすてきなお話だわ」小さな女の子たちのうちの大きな方が、断固として言った。

「これまで聞いたうちで、これだけがすてきなお話だよ」シリルが言った。

59～61

「A dissentient opinion」came (from the aunt).
　　　　 S　　　　　　　 V　　　 adv

"A most improper story to tell (to young children)! You have undermined the effect (of years (of careful teaching))."

"(At any rate)," said the bachelor, collecting his belongings [preparatory to leaving the carriage], "I kept them quiet (for ten minutes), [which was more [than you were able to do]]."

・dissentient *(adj)* 意見を異にする、反対する　・improper *(adj)* 不適切な、ふさわしくない
・undermine *(vt)* (努力・機会を) だめにする、土台を崩す　・belongings *(n)* 所持品
・preparatory *(adj)* 準備の

解説

l.4: At any rate は熟語で「とにかく、いずれにせよ、何はともあれ」などの意。

l.5: preparatory to は熟語で、前置詞的に用いられ、「〜の準備として、〜に先だって」の意。

試訳

反対意見が伯母さんから出された。
「小さな子供たちに聞かせるのに、いちばんふさわしくないお話ですよ！　気をつけながら教育してきた何年もの積み重ねを、あなたは台無しにしてしまったじゃないの」
「何はともあれ」客車を降りるに先だって荷物をまとめながら、独身男は言った。「僕は彼らを十分間、静かにさせていましたよ。あなたがおできになったのよりも、長かったじゃないですか」

62

"Unhappy woman!" he observed (to himself) [as he walked down the platform (of Templecombe station)]; "(for the next six

months or so)「those children」will assail her (in public) (with demands
        s'　　　　　　　 v'　　o'　　adv'　　　　　　adv'
(for an improper story))!"」
 adj'

  ・walk down [句動 vt] 歩いていく　・assail (vt) 襲う、攻めたてる

解説
 l.1: he observed to himself は直接話法の伝達部なので、述語の他動詞 observe は「観察する」ではなく「言う、述べる」の意味です。to himself は「自分自身に」→「彼は独り言を言った」。

試訳
「不運な女(ひと)だ！」テンプルクーム駅のプラットホームを歩いていきながら、彼は独り言を言った。「今後六ヶ月かそこら、あの子供たちは、不適切なお話をしてくれるよう、人前でも彼女にしつこくせがむだろうな！」

The Story-Teller

話 上 手

　暑い午後で、列車の客室もそれ相応に蒸し暑く、次の駅のテンプルクームまではまだ一時間近くもあった。客室を占領していたのは小さな女の子と、それよりもっと小さな女の子と、小さな男の子だった。子供たちに付き添う伯母さんが一方の隅の席を占め、向かい側のもっと奥の隅には、その一団とは無関係の独身男が座っていたが、そのコンパートメントを断然占有していたのは、その女の子たちと男の子だった。伯母さんも子供たちも、同じような話を延々繰り返ししゃべっていて、いくら追い払っても寄ってくるハエのうるささを思わせた。伯母さんの大部分の発言は「だめよ」から始まるようだったし、子供たちのほとんど全ての発言は「どうして」から始まっていた。独身男はひとこともものを言わなかった。
「だめよ、シリル、やめなさい」小さな男の子が座席のクッションを叩きはじめ、叩くたびににもうもうと雲のような埃が舞い上がるのを見て、伯母さんが叫んだ。
「こっちへ来て、窓の外を見てなさい」と彼女は言い足した。
　子供はしぶしぶ窓のほうに移動した。「どうしてあの羊たちはあの原っぱから追い出されてるの？」彼は尋ねた。
「もっとたくさんの草のある原っぱに連れて行かれてるんじゃないかしら」伯母さんは自信なげに言った。
「でもあの原っぱにはたくさん草が生えてるじゃないか」男の子は異議を申し立てた。「あそこには草しかないよ。伯母さん、あの原っぱにはたくさん草が生えてるよ」
「きっとほかの原っぱの草のほうがいい草なのよ」伯母さんは愚かしい返事をした。
「どうしてそっちのほうがいいの？」すぐに、避けようのない質問が返ってきた。
「ほら、あの牛たちを見てごらん！」伯母さんは叫んだ。線路沿いの

ほとんどどの野原にも乳牛か去勢牛が放牧されていたが、まるで珍しいものに注意を引こうとしているかのような口ぶりだった。
「どうしてほかの原っぱの草のほうがいいの？」シリルが言いつのった。

独身男は眉をひそめた顔をいっそうしかめて、苦りきった顔になった。これは気難しい、思いやりのない人だ、と伯母さんは心の中できめつけた。彼女はほかの野原の草について、どんな満足のいく回答もまったく思いつくことができなかった。

小さな方の女の子は「マンダレーへの途上で」を歌いだすことで気晴らしを見つけたようだった。彼女は一行目しか知らなかったのだが、そのわずかな知識を可能なかぎり十分に活用した。彼女はそのくだりを、夢見るような、しかし断固としたとてもよく通る声で、何度も何度も繰り返した。独身男にはそれがまるで、止まらずに二千回そのくだりを繰り返し歌うことはできないだろうと、誰かが彼女と賭けをしたのではないかというふうに思われた。その賭けをしたのが誰だったにせよ、その人は賭けに負けそうだった。

「こっちに来て、お話を聞きなさい」独身男が彼女のほうを二度見やり、そして非常通報用の引きひもへと一瞥をくれたとき、伯母さんは言った。

子供たちは気乗りしない様子で、伯母さんのいる客室の隅へと移動した。明らかに話し手としての彼女の評判は、彼らの判断によると、高くはないようだった。

内緒の話でもするかのようなひそめた声で、聞き手からの大声の、こらえ性のない問いかけにたびたび遮られながら、彼女はある女の子にまつわる、何の変哲もない、気の毒なくらいつまらない話をはじめた。その女の子はとてもいい子で、その善良さのおかげで誰とでも友達になれた。そしてついには、猛り狂った雄牛に襲われそうになったところを、彼女の徳性を賞賛するたくさんの人々によって、救い出されたというのであった。

「もしもその子がいい子じゃなかったら、その人たちは助けてくれなかったの？」小さな女の子たちのうちの大きな方が、強い調子で尋ね

The Story-Teller

た。それはまさに独身男が訊いてみたいと思った質問だった。
「それはまあ、助けたでしょうね」伯母さんはぎこちなく答えた。「でも、その子のことがそんなに好きじゃなかったら、みんなそこまで早く助けに駆けつけてはくれなかったと思うよ」
「今まで聞いたうちでいちばんばからしいお話だわ」大きい方の女の子が、確信に満ちた口調で言った。
「最初だけちょっと聞いてあとは聞いてなかったよ。あんまりばかげてるんだもん」シリルが言った。

小さい方の女の子は、その物語については実際なにも論評は加えなかったが、もうずいぶん前から、彼女のお気に入りのくだりを再び小声で繰り返していた。
「あなたは話し手としてはうまくいっていないようですね」突然客室の隅から、独身男が言った。

この予期せぬ攻撃に、伯母さんは気色ばんで、すぐに防御の構えをとった。
「子供たちが理解できて、同時に楽しめるようなお話をするのは、とても難しいことなんですよ」彼女は堅い口調で言った。
「同意しかねますね」独身男は言った。
「きっと、子供たちにお話をしてあげたいとお思いなのね」と伯母さんは切り返した。
「お話してよ」と大きな方の女の子がねだった。
「むかしむかし」独身男は話しだした。「あるところに、バーサという小さな女の子がいて、その子はとびきりいい子でした」

子供たちのつかの間かき立てられた興味は、たちまち風前の灯火となった。誰が話したとしても、お話というものは、どれもひどく似たりよったりなものに思われたのだ。
「その子は言いつけをみんな守りました。いつでも正直でした。いつも服をきれいにしていました。ミルク・プディングを出されてもまるでジャム・タルトのように喜んで食べたし、課題は完璧にこなしたし、お行儀だってとても良かったのです」
「可愛かった？」大きい方の女の子が尋ねた。

「君たちほどは可愛くなかった」独身男は言った。「でも、彼女はおそろしくいい子だったのです」

そのお話に急に興味をそそられた気配が、波立つように広がっていった。善良さに結びつけられた「おそろしい」という言葉には、訴えかけるものを持つ目新しさがあったのである。それは、伯母さんの物語る子供の生活には欠けていた、真実の響きをもたらしたように思われた。

「彼女はとてもいい子だったので」独身男は続けた。「いくつかの『善行』メダルをもらって、服にピン留めされたそれらをいつも身につけていました。一つは言いつけをよく聞いたことへの、もう一つは時間をしっかり守ったことへの、三つ目はよい行いへのメダルでした。それらは大きな金属製のメダルで、彼女が歩くとお互い触れ合ってカチカチと音をたてました。彼女の住む町では三つもメダルを持っている子供は他にいませんでしたから、みんな彼女が特別にいい子であるに違いないと承知していました」

「おっそろしくいい子」シリルが引用した。

「みんなが彼女の善良さについて話していますと、その国の王子様がそのことをお聞き及びになって、その子がそんなにとてもいい子なら、週に一度、彼の庭園、それは町を出てすぐのところにあったのですが、そこに入ることを許してあげようとおっしゃいました。それは美しい庭園で、それまで一人の子供も中に入れてもらえませんでしたから、そこに入るのを許されるのは、バーサにとってとても名誉なことでした」

「その庭園には羊はいたの？」シリルが尋ねた。

「いいえ」独身男は言った。「羊はいませんでした」

「なんで羊はいなかったの？」その返答から、不可避的に生じる質問が放たれた。

伯母さんは思わずほほえんだが、それはほとんど、にやにや笑いと表現されてもよさそうな笑顔だった。

「庭園に羊はいませんでした」独身男は言った。「というのも、王子のお母様があるとき、王子は羊に殺されるか、さもなければ彼の上に

時計が落ちてきて死ぬかのどちらかだと夢に見たからです。そんなわけで、王子様は決して庭園に羊を飼わなかったし、宮殿に時計を置かなかったのでした」

　伯母さんは感嘆の喘ぎを押し殺した。
「王子様は羊か時計に殺されたの？」シリルが尋ねた。
「王子様はまだ生きているよ、だからその夢が実現するかは分からないのです」独身男はこともなげに言った。「とにかく、公園には羊はいませんでした。だけど、園内の至るところを駆け回る、たくさんの子豚たちがいました」
「子豚たちは何色だった？」
「顔だけ白い黒いのや、黒い斑点のある白いのや、全身真っ黒のや、白いまだら模様のある灰色のや、それに何匹かは全身真っ白でした」

　話し手はいったん話をやめて、その庭園の宝物たちを子供たちが十分にありありと想像できるようにしむけた。それから彼は再び話しだした。
「バーサは庭園にお花が咲いていないのを見て、いくぶん残念に思いました。彼女は伯母さんたちに、目に涙を浮かべて、親切な王子様のお花を決して摘んだりしないと約束していたのです。そして彼女はその約束を守るつもりでしたから、もちろん、摘めるお花がないことが分かって、彼女はばかばかしい気分になったのでした」
「なんでお花が咲いてなかったの？」
「それというのも、子豚たちがお花を全部食べてしまったからなのです」独身男は即座に言った。「庭師たちは王子様に、豚とお花は一緒にしておけないと言いました、そこで王子様は、お花はなしにして豚を飼うことに決めたのでした」

　王子の決定の素晴らしさに向けた、賛同の小さなざわめきが起こった。大多数の人々は、こんなとき別の決定を下したに違いないのだ。
「庭園にはその他にもたくさんの楽しいものがありました。金色や青や緑の魚が泳ぐ池や、当意即妙に気の利いたせりふを言うきれいなオウムの住む木立があり、それに当代の流行歌をみんな歌えるハチドリもいました。バーサはあちこちを行きつ戻りつして、大いに楽しみ、

話上手

心の中でこう考えました。『もしもわたしがそんなに並外れていい子でなかったら、このきれいなお庭に入って、ここで見られるあるだけのものを楽しむことは許されなかったんだわ』って。そうして彼女の三つのメダルは、彼女が歩くたびに打ち合わさってカチンカチンと音をたて、彼女に自分が本当にどれだけいい子なのかを思い出させました。ちょうどそのとき、一頭の大きな狼が、庭園のなかに忍び込んできました。夕飯に、太った子豚の一匹でも捕まえられないものかと考えたのです」
「狼は何色だった？」急に興味をかき立てられて、子供たちは尋ねた。
「全身が泥色で、舌は黒く、言葉に尽くせない獰猛さに光る薄い灰色の目をしていました。庭園のなかで、狼が最初に目をつけたのがバーサでした。というのも彼女のエプロンは染み一つなく白くて綺麗でしたので、遠くからでもよく見えたのです。バーサにも狼が見え、それが彼女に向かって忍び寄ってきているのが分かりました。彼女は庭園に来るのを許されなければ良かったのにと思いはじめました。彼女はできる限り一所懸命走りました。すると狼のほうは、大股に飛び跳ねながら彼女の後を追いかけてくるではありませんか。彼女はやっとのことでギンバイカの植え込みまでたどり着くと、茂みのいちばん濃く密生したところに身を隠しました。狼は黒い舌を口からだらりと垂らし、薄い灰色の目を激しい怒りにぎらぎら輝かせながら、やってきて枝の間を嗅ぎまわりました。バーサはものすごく怖くなって、心の中で思いました。『もしも私があんなに並外れていい子でなかったら、今頃は町で安全にしていられたのに』って。ところが、ギンバイカの香りがとても強かったので、狼はバーサがどこに隠れているか嗅ぎ当てられません。それに、茂みがとても深かったので、長い間その中を探し回っても、彼女を見つけ出せないかもしれませんでした。そこで、彼はそれならここを立ち去って、代わりに子豚を捕まえたほうがいいと考えました。すぐ近くを狼がうろつきながら鼻をクンクンいわせるのを聞いて、バーサはひどく震えました。彼女が震えるにつれて、言いつけをよく聞いたメダルが良い行いのメダルと時間をしっかり守ったメダルに当たってカチカチ鳴りました。ちょうどその場を立ち去ろ

うとしていた狼は、メダルが鳴る音を聞いて、立ち止まり、耳を澄ましました。彼のすぐそばの藪の中で、カチカチ鳴る音がまた聞こえました。薄い灰色の目を残忍さと勝利の喜びにきらめかせながら、彼は藪の中に飛び込んで、バーサを引きずり出すと、最後のひとかけらまで食べつくしてしまいました。あとに残ったものは、彼女の靴と、衣服の破片と、三つの『善行』メダルだけでしたとさ」

「子豚はだれか殺されたの？」

「いいえ、みんな逃げてしまったよ」

「このお話、はじめはつまらなかったけど」小さな女の子たちのうちの小さな方が言った。「終わりはすてきだったわ」

「これまで聞いたうちで、いちばんすてきなお話だわ」小さな女の子たちのうちの大きな方が、断固として言った。

「これまで聞いたうちで、これだけがすてきなお話だよ」シリルが言った。

　反対意見が伯母さんから出された。

「小さな子供たちに聞かせるのに、いちばんふさわしくないお話ですよ！　気をつけながら教育してきた何年もの積み重ねを、あなたは台無しにしてしまったじゃないの」

「何はともあれ」客車を降りるに先だって荷物をまとめながら、独身男は言った。「僕はこの子たちを十分間、静かにさせていましたよ。あなたがおできになったのよりも、長かったじゃないですか」

「不運な女だ！」テンプルクーム駅のプラットホームを歩いていきながら、彼は独りごちた。「今後六ヶ月かそこら、あの子供たちは、不適切なお話をしてくれるよう、人前でも彼女にしつこくせがむだろうな！」

Laura

1. "You are not really dying, are you?" asked Amanda.
2. "I have the doctor's permission to live till Tuesday," said Laura.
3. "But today is Saturday; this is serious!" gasped Amanda.
4. "I don't know about it being serious; it is certainly Saturday," said Laura.
5. "Death is always serious," said Amanda.
6. "I never said I was going to die. I am presumably going to leave off being Laura, but I shall go on being something. An animal of some kind, I suppose. You see, when one hasn't been very good in the life one has just lived, one reincarnates in some lower organism. And I haven't been very good, when one comes to think of it. I've been petty and mean and vindictive and all that sort of thing when circumstances have seemed to warrant it."
7. "Circumstances never warrant that sort of thing," said Amanda hastily.
8. "If you don't mind my saying so," observed Laura, "Egbert is a circumstance that would warrant any amount of that sort of thing. You're married to him — that's different; you've sworn to love, honour, and endure him: I haven't."
9. "I don't see what's wrong with Egbert," protested Amanda.
10. "Oh, I daresay the wrongness has been on my part," admitted Laura dispassionately; "he has merely been the extenuating circumstance. He made a thin, peevish kind of fuss, for instance, when I took the collie puppies from the farm out for a run the other day."
11. "They chased his young broods of speckled Sussex and drove two sitting hens off their nests, besides running all over the flower

beds. You know how devoted he is to his poultry and garden."

"Anyhow, he needn't have gone on about it for the entire evening and then have said, 'Let's say no more about it' just when I was beginning to enjoy the discussion. That's where one of my petty vindictive revenges came in," added Laura with an unrepentant chuckle; "I turned the entire family of speckled Sussex into his seedling shed the day after the puppy episode."

"How could you?" exclaimed Amanda.

"It came quite easy," said Laura; "two of the hens pretended to be laying at the time, but I was firm."

"And we thought it was an accident!"

"You see," resumed Laura, "I really have some grounds for supposing that my next incarnation will be in a lower organism. I shall be an animal of some kind. On the other hand, I haven't been a bad sort in my way, so I think I may count on being a nice animal, something elegant and lively, with a love of fun. An otter, perhaps."

"I can't imagine you as an otter," said Amanda.

"Well, I don't suppose you can imagine me as an angel, if it comes to that," said Laura.

Amanda was silent. She couldn't.

"Personally I think an otter life would be rather enjoyable," continued Laura; "salmon to eat all the year round, and the satisfaction of being able to fetch the trout in their own homes without having to wait for hours till they condescend to rise to the fly you've been dangling before them; and an elegant svelte figure —"

"Think of the otter hounds," interposed Amanda; "how dreadful to be hunted and harried and finally worried to death!"

"Rather fun with half the neighbourhood looking on, and anyhow not worse than this Saturday-to-Tuesday business of dying by inches; and then I should go on into something else. If I had been a moderately good otter I suppose I should get back into human shape of some sort; probably something rather primitive — a little brown, unclothed Nubian boy, I should think."

23 "I wish you would be serious," sighed Amanda; "you really ought to be if you're only going to live till Tuesday."

24 As a matter of fact Laura died on Monday.

25 "So dreadfully upsetting," Amanda complained to her uncle-in-law, Sir Lulworth Quayne. "I've asked quite a lot of people down for golf and fishing, and the rhododendrons are just looking their best."

26 "Laura always was inconsiderate," said Sir Lulworth; "she was born during Goodwood week, with an Ambassador staying in the house who hated babies."

27 "She had the maddest kind of ideas," said Amanda; "do you know if there was any insanity in her family?"

28 "Insanity? No, I never heard of any. Her father lives in West Kensington, but I believe he's sane on all other subjects."

29 "She had an idea that she was going to be reincarnated as an otter," said Amanda.

30 "One meets with those ideas of reincarnation so frequently, even in the West," said Sir Lulworth, "that one can hardly set them down as being mad. And Laura was such an unaccountable person in this life that I should not like to lay down definite rules as to what she might be doing in an after state."

31 "You think she really might have passed into some animal form?" asked Amanda. She was one of those who shape their opinions rather readily from the standpoint of those around them.

32 Just then Egbert entered the breakfast-room, wearing an air of bereavement that Laura's demise would have been insufficient, in itself, to account for.

33 "Four of my speckled Sussex have been killed," he exclaimed; "the very four that were to go to the show on Friday. One of them was dragged away and eaten right in the middle of that new carnation bed that I've been to such trouble and expense over. My best flower bed and my best fowls singled out for destruction; it almost seems as if the brute that did the deed had special knowledge how to be as devastating as possible in a short space of time."

34 "Was it a fox, do you think?" asked Amanda.

35 "Sounds more like a polecat," said Sir Lulworth.

36 "No," said Egbert, "there were marks of webbed feet all over the place, and we followed the tracks down to the stream at the bottom of the garden; evidently an otter."

37 Amanda looked quickly and furtively across at Sir Lulworth.

38 Egbert was too agitated to eat any breakfast, and went out to superintend the strengthening of the poultry yard defences.

39 "I think she might at least have waited till the funeral was over," said Amanda in a scandalised voice.

40 "It's her own funeral, you know," said Sir Lulworth; "it's a nice point in etiquette how far one ought to show respect to one's own mortal remains."

41 Disregard for mortuary convention was carried to further lengths next day; during the absence of the family at the funeral ceremony the remaining survivors of the speckled Sussex were massacred. The marauder's line of retreat seemed to have embraced most of the flower beds on the lawn, but the strawberry beds in the lower garden had also suffered.

42 "I shall get the otter hounds to come here at the earliest possible moment," said Egbert savagely.

43 "On no account! You can't dream of such a thing!" exclaimed Amanda. "I mean, it wouldn't do, so soon after a funeral in the

house."

44 "It's a case of necessity," said Egbert; "once an otter takes to that sort of thing it won't stop."

45 "Perhaps it will go elsewhere now there are no more fowls left," suggested Amanda.

46 "One would think you wanted to shield the beast," said Egbert.

47 "There's been so little water in the stream lately," objected Amanda; "it seems hardly sporting to hunt an animal when it has so little chance of taking refuge anywhere."

48 "Good gracious!" fumed Egbert, "I'm not thinking about sport. I want to have the animal killed as soon as possible."

49 Even Amanda's opposition weakened when, during church time on the following Sunday, the otter made its way into the house, raided half a salmon from the larder and worried it into scaly fragments on the Persian rug in Egbert's studio.

50 "We shall have it hiding under our beds and biting pieces out of our feet before long," said Egbert, and from what Amanda knew of this particular otter she felt that the possibility was not a remote one.

51 On the evening preceding the day fixed for the hunt Amanda spent a solitary hour walking by the banks of the stream, making what she imagined to be hound noises. It was charitably supposed by those who overheard her performance, that she was practising for farmyard imitations at the forth-coming village entertainment.

52 It was her friend and neighbour, Aurora Burret, who brought her news of the day's sport.

53 "Pity you weren't out; we had quite a good day. We found at once, in the pool just below your garden."

54 "Did you — kill?" asked Amanda.

55 "Rather. A fine she-otter. Your husband got rather badly bitten in trying to 'tail it.' Poor beast, I felt quite sorry for it, it had such a

human look in its eyes when it was killed. You'll call me silly, but do you know who the look reminded me of? My dear woman, what is the matter?"

When Amanda had recovered to a certain extent from her attack of nervous prostration Egbert took her to the Nile Valley to recuperate. Change of scene speedily brought about the desired recovery of health and mental balance. The escapades of an adventurous otter in search of a variation of diet were viewed in their proper light. Amanda's normally placid temperament reasserted itself. Even a hurricane of shouted curses, coming from her husband's dressing-room, in her husband's voice, but hardly in his usual vocabulary, failed to disturb her serenity as she made a leisurely toilet one evening in a Cairo hotel.

"What is the matter? What has happened?" she asked in amused curiosity.

"The little beast has thrown all my clean shirts into the bath! Wait till I catch you, you little —"

"What little beast?" asked Amanda, suppressing a desire to laugh; Egbert's language was so hopelessly inadequate to express his outraged feelings.

"A little beast of a naked brown Nubian boy," spluttered Egbert.

And now Amanda is seriously ill.

Laura 分析と解説

1〜5

⌊"You are not (really) dying, are you?"⌋ asked Amanda.
O　　s'　　　　　　adv'　　v'　　付加疑問　　　　V　　　S

⌊"I have「the doctor's permission ⌊to live (till Tuesday)⌋」,"⌋ said
O　s'　v'　　　　　　o'　　　　　　＝　／v"　　adv"　　　　　　V

Laura.
S

⌊"But today is Saturday; this is serious!"⌋ gasped Amanda.
O　　　s'　v'　c'　　　　s'　v'　c'　　　　V　　　　S

⌊"I don't know (about it being serious); it is (certainly) Saturday,"⌋
O　s'　　v'　　adv　(s')　／v'　　c'　　　s'　v'　adv'　　　　c'

said Laura.
V　　S

⌊"Death is (always) serious,"⌋ said Amanda.
O　　s'　v'　adv'　　c'　　　　V　　　S

- gasp *(vt)* 喘ぎながら言う（ここでは直接話法の文を目的語にとっているため他動詞。自動詞「はっと息を呑む」）

解説

l.2: the doctor's permission to live till Tuesday は全体でひとまとまりの名詞句ですが、名詞句 the doctor's permission と不定詞 to live が同格の関係にあり、さらに不定詞を前置詞句 till Tuesday が副詞的に修飾しています。「火曜日まで生きていてよいという医者の許可」

l.5: I don't know about it being serious の、I don't know about 〜 は成句で、「〜のことはさておき」の意。about it being serious の it は「今日は土曜日」という発言を指した代名詞で、動名詞 being の意味上の主語です。「それが大変であるかについては」

試訳

「あなた、本当は死にかけてないんでしょ？」アマンダは尋ねた。
「火曜日までは生きていていいって、お医者様のお許しをいただい

183

てるわ」ローラは言った。

「だけど今日は土曜日よ。これは大変だわ！」アマンダはあえぎながら言った。

「大変かどうかはさておき、確かに土曜日ね」ローラは言った。

「死はいつだって大変なことだわ」アマンダは言った。

6

"I (never) said [I was going to die]. I am (presumably) going to leave off [being Laura], but I shall go on [being something]. [An animal (of some kind)], I suppose. [You see], [when one hasn't been (very) good (in the life [one has (just) lived])], one reincarnates (in some lower organism). And I haven't been (very) good, [when one comes [to think (of it)]]. I've been petty and mean and vindictive and 「all that sort (of thing)」 [when circumstances have seemed [to warrant it]]."

- presumably *(adv)* たぶん、思うに ・leave off [句動 *vt*] 〜をやめる
- go on [句動 *vt*] 〜し続ける ・reincarnate *(vi)* 生まれ変わる ・petty *(adj)* けちな、狭量な、卑劣な ・mean *(adj)* 卑劣な、意地の悪い ・vindictive *(adj)* 報復的な、執念深い
- warrant *(vt)* 正当化する、保証する

解説

l.1-2: ここでは be going to は未来の助動詞として扱います。また shall も単純未来「〜だろう」の助動詞（英用法）。

l.2-3: An animal of some kind は I suppose の目的語で、本来は文章

（節）ですが I will be といった SV 部分が省略され、補語だけの形になったものです。全体は倒置の文。

l.3: You see は間投詞で「ほら」「ご承知のように」といった意味。

試訳

「私は死ぬだろうなんて一度も言ってないわ。たぶん、ローラであることをやめようとしているの、でも何者かではあり続けるでしょうね。なにか動物になるんだと思う。ほら、人は生きていたときあまり善人でなかったら、なにかもっと下等な生き物に生まれ変わるって言うでしょう。で私、考えてみればそんなに善人じゃなかったわ。事情の許しそうなかぎり、心が狭くて、意地が悪くて、執念深くて、まああらゆるそんなたぐいのものだった」

7〜9

⌊"Circumstances (never) warrant ⌈that sort (of thing)⌉,"⌋ said
O   s'   adv' v'   o' adj'   V
Amanda (hastily).
 S   adv

⌊"[If you don't mind ⌊my saying (so)⌋],"⌋ observed Laura, ⌊"Egbert
O1 adv' s" v" o" /v'" adv'" V   S O2 s'

is a circumstance [that would warrant ⌈any amount (of that sort (of
v' c' ⌐ adj' s"   v"   o"   adj"   adj"

thing))⌉].⌋ You're married (to him) ― that's different; you've sworn
    S V   adv   S V C S   V

⌊to love, honour, and endure him⌋: I haven't."
O /v'1 /v'2   /v'3 o' S V

⌊"I don't see ⌊what's wrong (with Egbert)⌋,"⌋ protested Amanda.
O s' v' o' s" v" c" adv"   V   S

・hastily *(adv)* 急いで、慌てて　・swear *(vt)* 誓う　・endure *(vt)* 耐える

解説

l.3: If you don't mind my saying so, は成句、決まり文句の類で、If you don't mind「もしよろしければ、差し支えなければ」に目的語

185

Laura

として動名詞句が続いたものです。「こう言って差し支えなければ、言わせてもらえば」といった意味。

l.3: observe は「観察する」が基本的な意味ですが、直接話法の伝達部に用いられる場合は「述べる」の意味となります。比較的堅い言い方です。

試訳

「事情がそんなたぐいのものを許すなんてことあるわけないわ」急いでアマンダは言った。

「私に言わせてもらえば」ローラは述べた。「エグバートはそんなたぐいのこと、いくらでも許されて当然の事情だわ。あなたは彼と結婚しているから ── 事情が違うわね。あなたは彼を愛し、敬い、耐えると誓ったんだから。私はそうじゃない」

「エグバートの何がいけないのか、私には分からないわ」アマンダは抗議した。

10

⌊"Oh, I daresay ⌊the wrongness has been (on my part)⌋," ⌋ admitted
O1　int'　s'　　v'　　o'　　　　s"　　　v"　　　adv"　　　　　V

Laura (dispassionately); ⌊"he has (merely) been ⌈the extenuating
S　　　adv　　　　　　　　O2　s'　　adv'　　v'　　　　c'

circumstance⌉.⌋ He made ⌈a thin, peevish kind of fuss⌉, (for instance),
　　　　　　　　S　　V　　　　　　　O　　　　　　　　adv

[when I took ⌈the collie puppies⌉ (from the farm) out (for a run) (the
adv　s'　v'　　　o'　　　　　　　　adv'　　　　adv'　　　adv'

other day.)]"

- daresay *(vt)* あえて言う、たぶん〜だと思う　・dispassionately *(adv)* 冷静に
- extenuating *(adj)* 情状酌量する、(罪などを) 軽くする　・peevish *(adj)* 気難しい、不平を言う
- fuss *(n)* 大騒ぎ、苦情　・take out [句動 *vt*] 連れ出す　・farm *(n)* 農場、飼育場

解説

l.2-3: extenuating circumstance は直訳すると「酌量すべき事情」となりますが、あまり要領を得ない言葉です。複数形の extenuating circumstances は法律用語で「軽減事由」と訳語が当てられていますが、これがそのような専門用語だとすると、ローラが先から頻出する circumstance という単語にかけて、冗談めかして難解な語を口にし相手を煙に巻いたのではないかと解釈しないかぎり、ここでこの訳語を当てるには無理がありそうです。ところで"McGraw-Hill's Dictionary of American Idioms and Phrasal Verbs"には、extenuating circumstances の解説として、"special circumstances that account for an irregular or improper way of doing something."(ある変則的、または不適切な行動の理由となる特別な事情)とあり、例文として "Mary was permitted to arrive late because of extenuating circumstances."(メアリーは extenuating circumstances のため遅れて到着することを許可された)とあります。これは米語とのことであり 20 世紀初頭のイギリス小説に適用できるかは不明ですが、日常語としての用法としてここではこれに則り、「やむを得ない事情」と訳しておきます。エグバートはローラにとって、ひどい態度をとってしまっても「やむを得ない」と思えるような相手だった(非はそう思ってしまった自分の側にある、と「ローラは冷静に認めた」)、というわけです。

l.3: for instance は熟語で「例えば」の意。

l.4-5: the other day は副詞的に働く名詞句(副詞的目的格)の慣用句で「先日」の意。

試訳

「ええ、たぶんいけなかったのは私のほうなんでしょうね」ローラは冷静に認めた。「彼はただ単に、やむを得ない事情だっただけ。例えば、このあいだ私がコリーの子犬たちをひと走りさせようと思って飼育場から連れ出したとき、彼は軽薄に、口やかましく騒ぎ立てたじゃない」

11 ~ 12

"They chased 「his young broods (of speckled Sussex)」 and drove
　S　 V1　　　　　　O　　　　　adj　　　　　　　　　V2

「two sitting hens」 (off their nests), [besides running (all over the
　　O　　　　　adv　　　　　　　　 adv　　　/v'　 adv'

flower beds)]. You know ⌊ how devoted he is (to his poultry and
　　　　　　　S　　V　　O adv'　　　c'　　s'　v'　adv'　　　1
garden)⌋."
2

"(Anyhow), he needn't have gone on (about it) (for the entire
 adv　　　　S　　　　V1　　　　　adv　　　　adv
evening) and (then) have said, ⌊ 'Let's ⌊ say (no more) (about it)'⌋
　　　　adv　　　　V2　　　 O　v' o' c' /v"　adv"　　adv"
(just) [when I was beginning ⌊to enjoy the discussion⌋]. ⌊That's ⌊where
 adv ↗ adv　s'　v'　　　　o' /v"　　　o"　　　　　O1 s' v' c'
「one (of my petty vindictive revenges)」 came in,"⌋ added Laura (with
 s"　　　　adj"　　　　　　　　　　　v"　　　　　V　　S　　adv
an unrepentant chuckle); ⌊"I turned 「the entire family (of speckled
　　　　　　　　　　　　　　O2 s' v'　　　　o'　　　adj'
Sussex)」(into his seedling shed) (the day (after the puppy episode))."⌋
　　　　　　adv'　　　　　　　　adv'　　　　　adj'

・brood *(n)* ひとかえりのひな鳥　・speckled *(adj)* 斑入りの、まだらの　・flower bed *(n)* 花壇
・devoted *(adj)* 献身的な、熱心な　・poultry *(n)* 家禽　・unrepentant *(adj)* 反省の色の見
えない　・chuckle *(n)* 含み笑い、くすくす笑い　・seedling *(n)* 苗　・shed *(n)* 納屋、小屋

解説

l.2: drove two sitting hens off their nests の drive は「追い払う、追い立てる」、sit はここでは「卵を抱く」、off は前置詞で「〜から」の意。

l.2: besides running all over the flower beds は、前置詞＋動名詞の構文ですが、分詞構文に前置詞 besides（〜に加えて、〜の他に）を補って状況説明を明確にした形と見ると意味が捉えやすくなります。

l.7; where は先行詞が省略された関係副詞で、補語となる名詞節を導いています。

試訳

「それらが彼の斑入りのサセックス種のひな鳥を追いかけたり、卵を抱いてた二羽のメンドリを巣から追い立てたり、そのうえ花壇のなかを駆け回ったりしたからよ。彼がどれだけ熱心にあの鶏たちや

庭に手をかけているか、あなたも知ってるでしょう」
「とにかく、彼はそのことを一晩中言い続ける必要はなかったし、それにそのあと、私がその話し合いを楽しみだしたちょうどその時になって、『このことはもう言わないことにしよう』なんて言ったのよ。そこで私のけちな、しつこい仕返しの登場となったわけ」ローラは悪びれた様子もなく含み笑いしながら付け足した。「子犬の一件のあった次の日、私、斑入りのサセックス種のニワトリを全部、彼の苗小屋に放してやったわ」

13～16

⌊"How could you?"⌋ exclaimed Amanda.
　O　　　　　　　s'　　　　　S　　　V

⌊"It came (quite) easy,"⌋ said Laura; ⌊"「two (of the hens)」pretended
O1 s' v'　adv'　　c'　　V　　S　　O2 s'1　　adj'　　　　v'

⌊to be laying⌋ (at the time), but I was firm."⌋
o'　　　　　　adv'　　　　s'2 v' c'

"And we thought ⌊ it was an accident⌋!"
　　　S　V　　　　O s' v'　　c'

⌊"You see,"⌋ resumed Laura, ⌊"I (really) have「some grounds」[for
O1　int'　　　　V　　　S　　　O2 s' adv'　v'　　　o'　　 adj'

supposing ⌊that「my next incarnation」will be (in a lower organism)⌋]. ⌋
　/v"　　o"　　　　s'"　　　　　　　　v'"　adv'"

I shall be「an animal (of some kind)」. (On the other hand), I haven't
S　　V　　C　　　　　adj　　　　　　　adv　　　　　　　S1

been「a bad sort」(in my way), so I think ⌊ I may count on ⌊being「a
　V　　C　　　adv　　　　　S2 V　O s'　　v'　　o' /v"

nice animal,「something elegant and lively, (with a love of fun)」⌋⌋.
　　c"　　＝　　　　　　　　　　　　　　　　adj"

An otter, (perhaps)."
　C　　　adv

・lay *(vi)* 卵を産む　・resume *(vt)* 再び始める　・incarnation *(n)* 肉体化、具体化

・count on [句動 *vt*] 期待する、当てにする　・otter *(n)* カワウソ

解説

l.1: How could you (do that)? は会話において、相手の発言（行動）に対する驚きや怒りなどを表す際に使われる慣用表現で、「どうしてそんなことを、なんてこと」といった意味。疑問文としてのニュアンスは薄い表現ですが、ローラはこれに対して返答しています。

l.2: come + 補語（形容詞）のとき come は「〜になる」の意。

l.8: in one's way は熟語で「それなりに、それ相応に」の意。

試訳

「よくそんなことできたわね！」アマンダは叫んだ。

「いたって簡単だったわ」ローラは言った。「メンドリが二羽、ちょうど卵を産みかけてるふりをしたけど、私は断固としてやったわ」

「私たち、あれは偶然起きた事故だと思ってたのよ！」

「だからね」ローラは再び続けた。「本当に私、自分が次にこの世に現れるとしたら、もっと下等な生き物になるだろうと思うだけの、なにがしかの根拠があるわけ。なにかの動物になるでしょうね。そうは言っても、私だって私なりに悪くはなかったんだから、すてきな動物、優雅で元気いっぱいで、ふざけるのが好きななにかになるって期待してもいいんじゃないかと思うの。ひょっとしたら、カワウソになるかもね」

17〜20

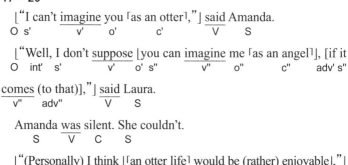

分析と解説

continued Laura; ["salmon [to eat]] (all the year round), and 「the
‾‾‾‾‾‾‾‾   ‾‾‾‾‾‾‾   ‾‾‾‾‾‾‾
 V   S   S   O2 s1'   adj'   adv'

satisfaction [of being able to fetch the trout (in their own homes)
 s'2   adj'   ‾‾‾‾‾‾‾‾‾‾‾‾‾   o"   adj"
                         /v"

[without having to wait (for hours) [till they condescend [to rise (to
 adv"   ‾‾‾‾‾‾‾‾‾‾   adv'''   adv''' s"" ‾‾‾‾‾‾‾‾‾‾ v"" o"" /v"""
              /v'''

the fly [you've been dangling (before them))]]]]]; and 「an elegant
adv""" ↳adj""" s""""" ‾‾‾‾‾‾‾‾‾‾‾‾ adv"""
                      v"""""

svelte figure] —"]
          s'

・condescend *(vi)* わざわざ〜してくださる、へりくだって〜する　・dangle *(vt)* ぶら下げる、ち
らつかせる　・svelte *(adj)* ほっそりした、洗練された

解説

l.1: I can't imagine you as an otter, の as は前置詞「〜として」で、SVOC 型の C（目的格補語）を導きます。

l.2-3: if it comes to that は熟語で「そういうことになれば、そのことなら」の意。（come to that「そのことになると、その場合には」に if がついて条件の副詞節になったもの）。

l.4: She couldn't. は続く imagine her as an angel が前出のため省略されたもの。

l.6: salmon to eat all the year round は前に There + v' が省略されたもので、次の等位節でも同様です。enjoyable な otter life の実例。

試訳

「カワウソになったあなたなんて想像できないわ」アマンダは言った。

「そう、それなら、天使になった私を想像できるとも思えないけど」ローラが言った。

アマンダは黙っていた。想像できなかったからだ。

「私としては、カワウソの生活はけっこう楽しいだろうと思うの」ローラは続けた。「食べられる鮭は一年中いるし、住みかにいる鱒を、目の前にぶら下げておいた毛針に向かって上がってきてくださ

るまで何時間も待たずにとってこられるのも満足感があるわ。それに、姿だって優美でほっそりしているし ―」

21 ~ 23

⌊"Think of ⌈the otter hounds⌉," ⌋ interposed Amanda; ⌊"how
O1　v'　　　　　　o'　　　　　　V　　　　　　S　　　O2

dreadful ⌊to be hunted and harried and (finally) worried (to death)⌋!"⌋
　c'　　　s'　　/v"1　　　　/v"2　　　adv"　　/v"3　　　adv"

"(Rather) fun [with ⌈half the neighbourhood⌉ looking on], and
　adv　　C　adv　　　　(s')　　　　　　　　　/v'

(anyhow) not worse [than ⌈this Saturday-to-Tuesday business [of
adv　　　C　adv　　　　　　　　　　　　　　　　　　　adj

dying (by inches)⌉]; and (then) I should go on (into something else).
/v'　adv'　　　　　　　adv　S　　　V　　adv

⌊ [If I had been ⌈a moderately good otter⌉] I suppose⌊ I should get
O1 adv' s"　v"　　　　　　　c"　　　　　S　V　O2 s'　　v'

back (into human shape (of some sort))⌋; ⌊(probably) ⌈something
adv'　　　　adj'　　　　　adj'　　　　　O adv'　　　　c'

(rather) primitive⌉ ― ⌈a little brown, unclothed Nubian boy⌉⌋, I
adv'　adj'　　　=　　　　　　　　c'　　　　　　　　　　　　　S

should think."
　　　　V

⌊"I wish ⌊you would be serious⌋," ⌋ sighed Amanda; ⌊"you (really)
O1 s' v'　o' s"　　v"　　c"　　　　V　　　S　　O2 s'　adv'

ought to be [if you're (only) going to live (till Tuesday)]."⌋
　v' adv'　s"　　adv"　　　　v"　　adv"

・interpose *(vi)* 口を挟む　・dreadful *(adj)* ひどく恐ろしい　・harry *(vt)* 繰り返し攻撃する、悩ませる　・worry *(vt)*（主に犬が）〜をくわえて振り回す　・look on [句動 *vi*] 傍観する、見物する　・moderately *(adv)* ほどほどに、適度に

解説

l.3: Rather fun... は It would be のような SV が省略された形。with

以下は前置詞 with 付きの独立分詞構文（付帯状況）と見ます。

l.6: If I had been a moderately good otter I suppose I should get back into human shape of some sort. は I suppose が主節 SV で、目的語 O に冒頭の If 節を含む仮定法の文が組み込まれた SVO 型です。仮定法の部分は If 節が仮定法過去完了、帰結節が should + 原形の形で、これは現在の事実に反する仮定を、過去の事実にさかのぼって表す「もし過去に〜だったら、今は〜だろうに」の形ですが、ここでは過去に対する指標としての「現在」は、カワウソに転生したローラが猟犬に殺されたときと設定されています。そもそも不確定な、空想的な未来の話をしている場面なので、「いいカワウソだったら、人間に戻れただろうに」という仮定法の意味合いはあまり感じ取れません。話が空想的であることに応じた仮定法なのでしょう。

l.8-9: I should think. の should は控えめな推量を表します。「たぶん〜じゃないかと思う」

試訳

「カワウソ狩りの猟犬のことを考えてみなさいよ」アマンダが口を挟んだ。「追いかけられて、攻めたてられて、しまいには噛み殺されるなんて恐ろしいわ！」

「ご近所さんの半分も見物に出てきたりして、わりと楽しいんじゃないかしら。いずれにせよ、こうして土曜から火曜にかけて、少しずつ死んでいくことよりは悪くないわ。それにそのあとまた他のなにかになるんだろうし。もしもほどほどにいいカワウソでいたとしたら、きっとまた何かしらの人間の形に戻れるんじゃないかと思うな。きっとどちらかというと未開な ── 小さな茶色い、服を着てないヌビア人の男の子かなにかに」

「まじめに話してほしいわ」アマンダはため息をついた。「もし火曜日までしか生きていられないんだとしたら、本当にまじめになるべきよ」

24〜28

(As a matter of fact) Laura died (on Monday).
  adv   S   V   adv

⌊"(So dreadfully) upsetting,"⌋ Amanda complained (to her uncle-
O1　adv'　　　　　　c'　　　　　S　　　　V　　　　　adv

in-law, Sir Lulworth Quayne). ⌊"I've asked ⌈(quite) a lot of people⌉
　　=　　　　　　　　　　　　　　O2 s'1　v'　　adv'　　　o'

(down) (for golf and fishing), and the rhododendrons are (just)
adv'　　adv'　　　　　　　　　　　　　　s'2　　　　　　are　adv'

looking ⌈their best⌉."⌋
　v'　　　　c'

⌊"Laura (always) was inconsiderate,"⌋ said Sir Lulworth; ⌊"she
O1　s'　　　adv'　　v'　　　c'　　　　　V　　　S　　　　　　O2 s'

was born (during Goodwood week), [with an Ambassador staying
　v'　　　　adv'　　　　　　　　　　　　adv'　　　　　(s")　　　　/v"

(in the house) [who hated babies]]."⌋
adv"　　　　　adj' s'"　v'"　　o'"

⌊"She had ⌈the maddest kind (of ideas)⌉,"⌋ said Amanda; ⌊"do you
O2　s'　v'　　　　　o'　　　　adj'　　　　　　V　　S　　　　　O2　s'

know [if there was ⌈any insanity⌉ (in her family)]?"⌋
v'　　o'　　　　v"　　　s"　　　　adv"

"Insanity? No, I (never) heard of any. ⌈Her father⌉ lives (in West
　　　　　　　　　S　adv　　V　　　O　　　S1　　　V　　adv

Kensington), but I believe ⌊he's sane (on all other subjects)⌋."
　　　　　　　S2　V　　O　s'　v'　c'　　　adv'

- upsetting *(adj)* 動揺させるような、悩ます　・rhododendrons *(n)* シャクナゲ
- inconsiderate *(adj)* 思いやりのない、配慮に欠けた、軽率な　・insanity *(n)* 狂気、精神異常
- sane *(adj)* 正気の、分別のある

解説

l.1: As a matter of fact は慣用句で「実は、実際のところ」の意。

l.3: ここでの ask は「招待する、招く」の意。しばしば SVO +方向性を表す副詞 down, up, in等 + for ~の形で使われます。down は実際に「階下へ、低地へ」降りるときにも使われますが、ここでは「都会から郊外へ」やってくるというニュアンスで使われています。

l.7: Goodwood week は Chichester にあるグッドウッド競馬場で、7月末から8月初旬にかけて5日間行われる（当時。現在は5月から10月のシーズン中毎月開催される）競馬の大会 Glorious Goodwood meeting のこと。当時は上流階級の社交会的要素が強かった。

試訳

　実際には、ローラは月曜日に死んだ。
「本当に動転してしまいますわ」アマンダは義理の伯父であるラルワース・クエイン卿にこぼした。「私、とてもたくさんの方々をゴルフと釣りにご招待してしまっているんです。それにシャクナゲも今がちょうど盛りですし」
「ローラはいつも軽率だった」ラルワース卿は言った。「あの子はグッドウッド競馬の週に生まれたんだ、しかもそのとき、家には赤ん坊が大嫌いなとある大使が滞在していた」
「彼女、およそ常軌を逸した考えを抱いていたんですのよ」アマンダは言った。「彼女の家系には、なにか精神異常の気（け）でもあったんじゃありませんこと？」
「精神異常？　いいや、一度も聞いたことはないな。彼女の父親は西ケンジントンに住んではいるが、その他の点ではいたって正気だと思うよ」

29～31

⌊"She had an idea ⌊that she was going to be reincarnated ⌈as an
　O　s'　v'　　　　o'　　=　　s"　　　　v"

otter⌉⌋," ⌋ said Amanda.
　c"　　　　　 V　　S

⌊"One meets with ⌈those ideas (of reincarnation)⌉ (so frequently),
　O1　s'　v'　　　　o'　　adj'　　　　　　　adv'

(even) (in the West)," ⌋ said Sir Lulworth, ⌊"that one can (hardly)
adv' ↗ adv'　　　　　　V　　S　　　　　　O2　adv' s"　adv"

set them down ⌊as being mad⌋⌋.⌋ And Laura was (such) ⌈an
v"　 o"　　　　 c"　/v'''　c'''　　　　　S　　V　　adv

unaccountable person] (in this life) [that I should not like [to lay down
「definite rules] [as to [what she might be doing (in an after state)]]]."]

["You think [she (really) might have passed into 「some animal form]?"] asked Amanda. She was 「one (of those)] [who shape 「their opinions] (rather readily) (from the standpoint (of those (around them)))].

- set down [句動 vt] 〜を〜と見なす、判断する　・unaccountable *(adj)* 奇妙な、説明できない　・lay down [句動 vt] 言明する、定める　・definite *(adj)* 決定的な、明確な　・pass into [句動 vt] (変化して) 〜になる、変化する　・readily *(adv)* 容易に　・standpoint *(n)* 観点、見地

解説

l.3-4: so that 構文「とても〜なので〜だ」のせりふ。主語 One は一般論的に「人」を表しています。

続く文も同様の意の such that 構文。

l.6: I should not like to の should は控えめな判断の助動詞。「〜したいとは思わない」

l.7: as to は群前置詞「〜に関しては」。先行詞を含む関係代名詞 what (that which に相当) 以下は全体が as to の目的語となる名詞節です。in an after state は「(死)後の状況で」→「来世で」。

試訳

「彼女は自分がカワウソに生まれ変わるだろうって考えていたんです」アマンダは言った。

「そういった転生の思想にはしばしばお目にかかることがある、たとえ西洋にあってもね」ラルワース卿は言った。「だからそれらを狂っていると判断することはできないよ。それにローラはこの世に生きていたときにあれだけ不可解な人柄だったのだから、あの子が

来世でどんなことをするかについては、明確にこうなるだろうと言いきってしまいたくないな」
「彼女が、本当になにかの動物の形に変わったかもしれないとお思いになって？」アマンダは尋ねた。彼女は、周囲の人々の見解からかなりたやすく自分の意見をかたち作る、そんな人々の一人だった。

32 ～ 33

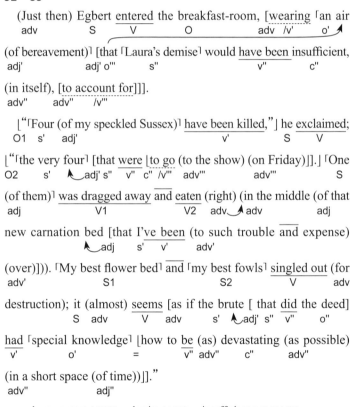

- bereavement *(n)* 死別 ・demise *(n)* 死亡 ・insufficient *(adj)* 不十分な
- account for [句動 *vt*] 〜の原因となる、説明する ・single out [句動 *vt*] 選り出す、選抜する

・brute *(n)* 獣、畜生　・devastating *(adj)* 破壊する、打撃を与える

【解説】

l.1: breakfast-room は食堂の一種ですが、しばしば dining room とは別に、台所や庭などに隣接して、軽食用に設けられた比較的小さなスペースを指して言います。

l.3: in itself は「それだけでは」といった意味。

l.5: that were to go... は the very four にかかる関係代名詞節。were to は助動詞のように働く be to 構文で、「～する予定だった」の意です。

l.7: that は関係代名詞で、文末の前置詞 over の目的語となります。

【試訳】

　ちょうどそのとき、ローラの死だけでは理由を説明するのに不十分なほどの服喪の気配を身にまといながら、エグバートが朝食室に入ってきた。

「僕の斑入りのサセックスが四羽、殺されてしまった」彼は叫んだ。「金曜日に品評会に出す予定だった、まさにその四羽だよ。そのうち一羽は外に引きずり出されて、僕がさんざん手間とお金をかけてきた新しいカーネーションの花壇のど真ん中で食われていた。選りに選って一番いい花壇とニワトリが台無しになったんだ。それをやったけだものが、まるでどうやったら短い時間のうちに可能な限りダメージを与えられるか、特別な知識でも持っていたんじゃないかと思えるくらいだよ」

34～38

「"[Was it a fox], do you think?"」asked Amanda.

「"Sounds 「(more) like a polecat」,"」said Sir Lulworth.

「"No,"」said Egbert, 「"there were 「marks (of webbed feet)」 (all over the place), and we followed the tracks (down) (to the stream (at

the bottom (of the garden))); (evidently) an otter."」
             adj'   adv'   c'

Amanda looked (quickly and furtively) (across) (at Sir Lulworth).
   S   V   adv 1   2   adv   adv

Egbert was too agitated [to eat「any breakfast」], and went out [to
 S   V1   C   adv /v'   o'   V2   adv

superintend「the strengthening (of the poultry yard defences)」.
 /v'   o'   adj'

・polecat *(n)* ヨーロッパケナガイタチ　・webbed *(adj)* 水かきのある　・evidently *(adv)* 明らかに、疑いなく、みたところ　・furtively *(adv)* ひそかに、こっそりと　・agitated *(adj)* 動揺している　・superintend *(vt)* 監督、指揮する　・strengthening *(n)* 強化　・poultry yard *(n)* 養鶏場

解説
l.3-4: all over the place は慣用句で「いたるところに、そこら中」の意。
試訳
「キツネだと思います？」アマンダは尋ねた。
「それよりイタチのようだな」ラルワース卿が言った。
「いいえ」エグバートが言った。「いたるところに水かきのある足跡が残ってましてね、僕らはその足跡を庭の低地の小川までたどっていったんです。疑いもなく、カワウソですよ」
　アマンダはこっそりと素早い視線を向かいのラルワース卿へと送った。
　エグバートはあまりに動揺していて朝食もとらずに、養鶏場の柵の強化工事を監督しに出て行った。

39〜41

「"I think [she might (at least) have waited [till the funeral was
O s' v' o' s"   adv"   v"   adv"   s'''   v'''

over]]," 」said Amanda (in a scandalised voice).
 c'''   V   S   adv

「"It's「her own funeral」, [you know]," 」said Sir Lulworth; 「"it's
O1 s' v'   c'   int' s" v"   V   S   O2 s' v'

「a nice point (in etiquette)」 [how far one ought to show respect (to
　　c'　　　　adj'　　　　＝　　　　　s"　　　　　v"　　　o"　　adv"
one's own mortal remains)]."」

　「Disregard (for mortuary convention)」 was carried (to further
　　　S　　　　　　adj　　　　　　　　　　V　　　　　　adv
lengths) (next day); (during the absence (of the family) (at the
　　　　　　adv　　　　　adv　　　　　　　　　　adj　　　　　adj
funeral ceremony)) 「the remaining survivors (of the speckled Sussex)」
　　　　　　　　　　　　　　　　　　S　　　　　　　　adj
were massacred. 「The marauder's line (of retreat)」 seemed ⌊to have
　　V　　　　　　　S1　　　　　　　adj　　　　　　　V　　　C
embraced 「most (of the flower beds (on the lawn))」], but 「the
/v'　　　　　　　o'　　　adj'　　　　　adj'
strawberry beds (in the lower garden)」 had (also) suffered.
　S2　　　　　　　　adj　　　　　　　　　　　　adv　　　V

・scandalise *(vt)*（scandalizeとも）憤慨させる、あきれさせる　・mortal remains *(n)* 遺骸
・disregard *(n)* 無関心、無視　・mortuary *(adj)* 埋葬の　・convention *(n)* しきたり、因習
・massacre *(vt)* 虐殺する、皆殺しにする　・marauder *(n)* 襲撃者　・retreat *(n)* 撤退、退却
・embrace *(vt)* 包含する

解説

l.1: she might at least have waited till the funeral was over は仮定法過去完了の形。「彼女は少なくとも葬式が終わるまで待っていてくれてもよかったのに」（実際は待たなかった）。ローラが自分の葬式もまだ終わらないうちに、早くもカワウソに転生していたずらを始めたということを言っています。

l.4: how far（「どの程度」）から始まる節は、直前の a nice point の内容を説明する同格の名詞節です。「どの程度〜かという、良い論点」

試訳

「彼女は少なくともお葬式が終わるまでは待っていてくれてもよかったのにと思いますわ」アマンダは憤慨した声で言った。

「なにしろ、彼女自身の葬式だしな」ラルワース卿は言った。「どの程度、ひとは自分自身の亡骸（なきがら）に対して敬意を払うべきか、これは礼儀作法上の良い論点だね」

翌日、葬儀のしきたりは、いっそう度を越して軽んじられることとなった。一家が葬式に出席して留守の間に、斑入りのサセックス種の生き残りが、皆殺しにされたのである。襲撃者の退却の際の道すじは、芝生にある花壇のほとんどを含んでいた。その上、庭の低いところにあったイチゴの苗床もまた、被害に遭ったのだった。

42〜48

⌊"I shall get ⌈the otter hounds⌉ ⌊to come (here)⌋ (at the earliest
O   s'   v'   o'   c' /v"   adv"   adv'

possible moment),"⌋ said Egbert (savagely).
                    V   S   adv

⌊"On no account! You can't dream (of such a thing)!"⌋ exclaimed
O1   s'   v'   adv'   V

Amanda. ⌊"I mean, ⌊it wouldn't do, (so soon) (after a funeral (in the
  S   O2 s' v'   o' s"   v"   adv"   adv"   adj"

house))⌋."⌋

⌊"It's ⌈a case (of necessity)⌉,"⌋ said Egbert; ⌊"⌊once an otter takes
O1 s' v'   c'   adj'   V   S   O2 adv'   s"   v"

to ⌈that sort (of thing)⌉⌋ it won't stop."⌋
      o"   adj"   s'   v'

⌊"(Perhaps) it will go (elsewhere) ⌊now there are ⌈no more fowls⌉
O adv'   s'   v'   adv'   adv'   s"

left⌋,"⌋ suggested Amanda.
v"   V   S

⌊"One would think ⌊you wanted ⌊to shield the beast⌋⌋,"⌋ said Egbert.
O   s'   v'   o' s"   v"   v"'   o"'   V   S

⌊"There's been ⌈so little water⌉ (in the stream) (lately),"⌋ objected
O1   v'   s'   adv'   adv'   V

201

Amanda;⌊"it seems (hardly) sporting ⌊to hunt an animal [when it
　S　　O2 (s')　v'　　　adv'　　　c'　　s'　/v'　　　o"　　　　adv"　s'''

has「so little chance [of taking refuge (anywhere)]]」.」
v'''　　　　　o'''　　adj'''　/v''''　o''''　　　adv''''

⌊"Good gracious!"⌋ fumed Egbert, ⌊"I'm not thinking (about
O1　int　　　　　　　V　　S　　O2 s'　　　v'　　　　adv'

sport). I want ⌊to have the animal killed [as soon as possible]].」
　　　　S　V　O　/v'　　　o'　　　　c'　　adv'

・savagely *(adv)* 荒々しく、獰猛に ・take to [句動 *vt*] 没頭する、習慣になる ・sporting *(adj)* スポーツの、スポーツマンらしい ・refuge *(n)* 避難所、隠れ家 ・fume *(vi)* 苛立つ

解説

l.3: On no account は慣用表現で「決して〜しない、とんでもない」といった意。

l.4: it wouldn't do, での do は、「（社会通念上、礼儀上）よい、好ましい」の意味。

l.6: once は条件の副詞節を導く従属接続詞の用法。「一度〜すると」

l.8: now は理由の副詞節を導く従属接続詞の用法。「今はもう〜だから、〜である以上」。now that のくだけた言い方です。

l.8-9: there are no more fouls left は no more fouls are left の倒置形と見、left を受動態の本動詞と解釈します。

l.14: Good gracious は驚きや感嘆を表す間投詞。「おや、まあ」など。

試訳

「できるだけ早いうちにカワウソ狩りの猟犬をここに来させよう」エグバートは荒々しく言った。

「とんでもない！　そんなこと考えないで！」アマンダは叫んだ。「だって、家にお葬式があったばかりなのに、そんなことをするのは良くないわ」

「やむを得ないことだよ」エグバートは言った。「カワウソはいったんああいったことをやり始めると、もうやめないんだ」

「もう残ってるニワトリもいないんだから、きっとどこかほかの場所へ行ってしまうわよ」アマンダがそれとなく言った。

分析と解説

「君はまるであの獣を守りたいと思ってるみたいだな」エグバートは言った。

「近頃はあの川にはほんの少ししか水が流れていないじゃない」アマンダは反論した。「動物が、どこかに逃げ場を見つけられるチャンスもほとんどない時期に狩りをするなんて、どう見てもスポーツマンらしくないわ」

「こいつは驚いた！」エグバートは気色ばんだ。「僕はスポーツのことなんて考えちゃいないよ。できる限り早く、あの獣が殺されてほしいだけさ」

49〜50

(Even)「Amanda's opposition」weakened [when, (during church time (on the following Sunday)), the otter made「its way」(into the house), raided「half a salmon」(from the larder) and worried it (into scaly fragments) (on the Persian rug (in Egbert's studio))].

⌊"We shall have it ⌊hiding (under our beds) and biting pieces (out of our feet)⌋ (before long),"⌋ said Egbert, and (from ⌊what Amanda knew (of this particular otter)⌋) she felt ⌊that the possibility was not「a remote one」⌋.

- raid *(vt)* 急襲する、かき乱す ・larder *(n)* 食料貯蔵室 ・worry *(vt)* （動物が口でくわえて）引きちぎる ・scaly *(adj)* うろこ状の ・remote *(adj)* わずかな、かすかな

解説

l.6-7: what は先行詞を含む関係代名詞で前置詞 from の目的語と

なる名詞節を導いています。

試訳

　次の日曜日、教会に出かけている間に、そのカワウソが家に入り込み、食料貯蔵室から鮭の半身を盗み出して、エグバートの仕事場のペルシャ絨毯の上で、うろこまみれの破片へと噛み散らしていくにおよんで、アマンダの抵抗も弱まった。

「近いうちに、やつは僕らのベッドの下に潜んで、僕らの足を噛みちぎることになるぞ」エグバートは言った。そして、この特別なカワウソについてアマンダの知ることからして、彼女はその可能性も僅かではないと感じたのだった。

51

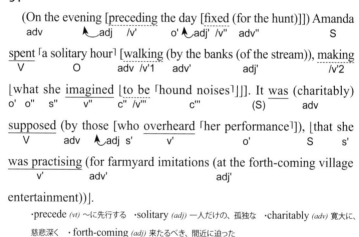

- precede *(vt)* ～に先行する　・solitary *(adj)* 一人だけの、孤独な　・charitably *(adv)* 寛大に、慈悲深く　・forth-coming *(adj)* 来たるべき、間近に迫った

解説

l.1: On the evening preceding the day fixed for the hunt は前置詞句 On the evening に入れ子式に二つの分詞形容詞句が続いた副詞句。直訳「狩りのために予定された日に先だつ夕暮れ時」

試訳

　狩りの前日の夕暮れ時、アマンダは川岸を歩き、猟犬の吠え声を

模したつもりの音をたてながら、ひとりだけの時を過ごした。彼女のそんな芸当をたまたま耳にした人は、間近に迫った村祭りで、農村風物の物真似でもするつもりで練習しているんだろうと好意的に解釈した。

52 ~ 55

It was「her friend and neighbour, Aurora Burret」, who brought
　　　　S　　　　　　　　　＝　　　　　　　　　　　V

her「news (of the day's sport)」.
iO　dO　　　adj

"Pity [you weren't out]; we had「(quite) a good day」. We found (at
 C adv s' v'   c'   S V adv   O   S   V adv

once), (in the pool (just below your garden))."
 adv   adj

「"Did you — kill?"」asked Amanda.
O　s'　　v'　　　V　　S

"Rather.「A fine she-otter」.「Your husband」got (rather badly)
 adv   S   V   adv

bitten [in trying [to 'tail it.']] Poor beast, I felt (quite) sorry (for it),
 V adv   /v' o' /v"   o"   int   S1 V adv   C   adv

it had「such a human look」(in its eyes) [when it was killed]. You'll
S2 V   O   adv   s'   v'   S1

call me silly, but do you know [who the look reminded me of]?「My
 V O C   S2 V O adv'   s'   v'   o'   int

dear woman」, what is the matter?"
                 C V   S

解説

l.1-2: It was her friend and neighbour, Aurora Burret, who... は強調構文。It was A who B で「B したのは A だった」の形です。

l.3: Pity you weren't out. は It's a pity (that) you.. の省略形。

l.6: 文頭の Rather は英略式、間投詞的に返事に用いて「もちろん」の意。

Laura

she-otter の she- は「メス」の意の接頭辞で、主に動物に用いられます。サキには"The She-Wolf"「メスオオカミ」という作品もあります。

l.6-7: got bitten は be 動詞の代わりに get を用いた受動態の表現。

[試訳]

　その日の狩りの報告を彼女にもたらしたのは、友人で隣人のオーロラ・バレットだった。

「あなた、見に出てこなくて残念だったわね。とっても楽しい一日だったわ。私たち、すぐに見つけたのよ。お宅のお庭を下ってすぐのところの淵で」

「あなたたち ─ 殺したの？」アマンダは尋ねた。

「もちろんよ。立派な雌のカワウソだったわ。あなたの旦那さんは尻尾をつかもうとしてかなりひどく嚙まれたわ。あの子ねえ、でも私、とっても可哀想だと思った。殺されるとき、目を見たらとっても人間らしい表情をしていたの。私のことばかだと思うでしょうね、でも、その表情を見て私が誰のことを思い浮かべたか、あなたお分かりかしら？　あらあなた、どうしたの？」

56

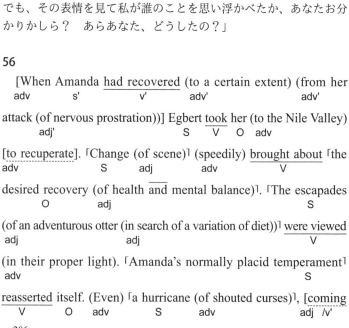

(from her husband's dressing-room)], (in her husband's voice, but
 adv'　　　　　　　　　　　　　　　　　　　　adj　　1

(hardly) in his usual vocabulary), failed ⌊to disturb「her serenity」⌋
 adv　　2　　　　　　　　　　　　　　V　　O　/v'　　　　o'

[as she made「a leisurely toilet」(one evening) (in a Cairo hotel)].
adv　s'　v'　　　　　　o'　　　　　adv'　　　　　　adv'

 ・prostration *(n)* 疲労、衰弱　・recuperate *(vi)* 回復する　・bring about [句動 *vt*] 引き起こす、もたらす　・escapades *(n)* (乱暴な) いたずら、行為　・placid *(adj)* 穏やかな、落ち着いた　・reassert *(vt)* (~ oneselfとともに) 再び目立つ、自己主張する　・curses *(n)* 呪い、悪態　・serenity *(n)* 平静、静穏　・leisurely *(adj)* くつろいだ、のんびりした　・toilet *(n)* 化粧、身支度

解説

l.5: in search of は群前置詞で「～を求めて、捜して」の意。

l.6: in their proper light は「適切な明かりのもとで」。迷信じみた解釈をするのではなく、出来事を起きたとおりにそれだけのこととして見られるようになったということ。

l.10: a Cairo hotel は不定冠詞 a がついているので特定のホテル名ではなく「カイロ (エジプトの首都) のホテル」。

試訳

　アマンダが神経衰弱の発作からある程度持ち直すと、エグバートは療養のために彼女をナイル盆地へと連れていった。環境の変化はすぐに健康と心のバランスの望ましい回復をもたらした。食事に変化を求める冒険心旺盛なカワウソのいたずらも、それ相応の見方で見られるようになった。アマンダ本来の穏やかな性格が再び表に現れるようになった。ある晩、カイロのホテルでのんびり身支度を整えていたときに、彼女の夫の化粧室から聞こえてきた、夫の声ではあるがいつもの言葉遣いとはまるで異なる、怒鳴り散らす悪態の嵐さえも、アマンダの平静をかき乱すことはなかった。

57～61

 ⌊"What is the matter? What has happened?"⌋ she asked (in
 O　　c'　v'　　s'　　　　s'　　　v'　　　　　S　　V　adv

amused curiosity).

"⌈The little beast⌉ has thrown ⌈all my clean shirts⌉ (into the bath)!
　　　S　　　　　　V　　　　　　　O　　　　　　　　adv
Wait [till I catch you], you little —"
　V　 adv s'　v'　　o'

⌊"What little beast?"⌋ asked Amanda, [suppressing ⌈a desire [to
　O　　　　　　　　　　V　　　S　　　adv　　/v'　　　　o'　　adj'
laugh]⌉]; ⌈Egbert's language⌉ was (so hopelessly) inadequate⌉ [to
　　　　　　　　S　　　　　　　V　　　adv　　　　　C　　　adv
express ⌈his outraged feelings⌉].
　/v'　　　　　　o'

⌊"⌈A little beast (of a naked brown Nubian boy)⌉,"⌋ spluttered
　　O　　　　　　　　　adj'　　　　　　　　　　　　　　V
Egbert.
S

And (now) Amanda is (seriously) ill.
　　adv　　　S　　V　　adv　　　C

・suppress *(vt)* 抑える　・inadequate *(adj)* 不十分な、無力な　・outraged *(adj)* 激怒した、憤慨した　・splutter *(vt)*（興奮して）早口で話す、つばを飛ばして言う

試訳
「どうしたの？　何が起きたの？」彼女は楽しげに好奇心をあらわして尋ねた。
「小さなけだものが僕のきれいなシャツをみんな風呂に放り込みやがったんだ！　捕まえてやるから待ってろ、このチビ ―」
「どんな小さなけだものですって？」笑いたいのをこらえながらアマンダは尋ねた。エグバートの言葉は、彼の憤激を言い表すには救いようもなく不十分だった。
「裸の茶色い、ヌビア人の小僧のけだものだよ」エグバートはつばを飛ばして言った。
　そして今や、アマンダは重病に陥った。

ローラ

「あなた、本当は死にかけてないんでしょ？」アマンダは尋ねた。
「火曜日までは生きていていいって、お医者様のお許しをいただいてるわ」ローラは言った。
「だけど今日は土曜日よ。これは大変だわ！」アマンダはあえぎながら言った。
「大変かどうかはさておき、確かに土曜日ね」ローラは言った。
「死はいつだって大変なことだわ」アマンダは言った。
「私は死ぬだろうなんて一度も言ってないわ。たぶん、ローラであることをやめようとしているの、でも何者かではあり続けるでしょうね。なにか動物になるんだと思う。ほら、人は生きていたときあまり善人でなかったら、なにかもっと下等な生き物に生まれ変わるって言うでしょう。で私、考えてみればそんなに善人じゃなかったわ。事情の許しそうなかぎり、心が狭くて、意地が悪くて、執念深くて、まああらゆるそんなたぐいのものだった」
「事情がそんなたぐいのものを許すなんてことあるわけないわ」急いでアマンダは言った。
「私に言わせてもらえば」ローラは述べた。「エグバートはそんなたぐいのこと、いくらでも許されて当然の事情だわ。あなたは彼と結婚しているから ── 事情が違うわね。あなたは彼を愛し、敬い、耐えると誓ったんだから。私はそうじゃない」
「エグバートの何がいけないのか、私には分からないわ」アマンダは抗議した。
「ええ、たぶんいけなかったのは私のほうなんでしょうね」ローラは冷静に認めた。「彼はただ単に、やむを得ない事情、ってやつだっただけ。例えば、このあいだ私がコリーの子犬たちをひと走りさせようと思って飼育場から連れ出したとき、彼は軽薄に、口やかましく騒ぎ立てたじゃない」

「その子犬たちが彼の斑入りのサセックス種のひな鳥を追いかけたり、卵を抱いてた二羽のメンドリを巣から追い立てたり、そのうえ花壇のなかを駆け回ったりしたからよ。彼がどれだけ熱心にあのニワトリや庭を丹精しているか、あなたも知ってるでしょう」
「とにかく、彼はそのことを一晩中言い続ける必要はなかったわ。それにそのあと、私にもその言い合いが面白くなってきたちょうどその時になって、『この話はもうよしにしよう』なんて言ったのよ。そこで私のけちな、しつこい仕返しの登場となったわけ」ローラは悪びれた様子もなく含み笑いしながら付け足した。「子犬の一件のあった次の日、私、斑入りのサセックス種のニワトリを全部、彼の苗小屋に放してやったわ」
「よくそんなことできたわね！」アマンダは叫んだ。
「いたって簡単だったわ」ローラは言った。「メンドリが二羽、ちょうど卵を産みかけてるふりをしたけど、私は断固としてやったわ」
「私たち、あれは偶然起きた事故だと思ってたのよ！」
「だからね」ローラは再び続けた。「本当に私、自分が次にこの世に現れるとしたら、もっと下等な生き物になるだろうと思うだけの、なにがしかの根拠があるわけ。なにかの動物になるでしょうね。そうは言っても、私だって私なりに悪くはなかったんだから、すてきな動物、優雅で元気いっぱいで、ふざけるのが好きななにかになるって期待してもいいんじゃないかと思うの。ひょっとしたら、カワウソになるかもね」
「カワウソになったあなたなんて想像できないわ」アマンダは言った。
「そう、それなら、天使になった私を想像できるとも思えないけど」ローラが言った。
　アマンダは黙っていた。想像できなかったからだ。
「私としては、カワウソの生活はけっこう楽しいだろうと思うの」ローラは続けた。「食べられる鮭は一年中いるし、住みかにいる鱒を、目の前にぶら下げておいた毛針に向かって上がってきてくださるまで何時間も待たずにとってこられるのも満足感があるわ。それに、姿だって優美でほっそりしているし——」

「カワウソ狩りの猟犬のことを考えてみなさいよ」アマンダが口を挟んだ。「追いかけられて、攻めたてられて、しまいには嚙み殺されるなんて恐ろしいわ！」
「ご近所さんの半分も見物に出てきたりして、わりと楽しいんじゃないかしら。いずれにせよ、こうして土曜から火曜にかけて、じわじわ死んでいくことよりは悪くないわ。それにそのあとまた他のなにかになるんだろうし。もしもほどほどにいいカワウソでいたとしたら、きっとまた何かしらの人間の形に戻れるんじゃないかと思うな。きっとどちらかというと未開な ─ 小さな茶色い、服を着てないヌビア人の男の子かなにかに」
「まじめに話してほしいわ」アマンダはため息をついた。「もし火曜日までしか生きていられないんだとしたら、本当にまじめになるべきよ」
　実際には、ローラは月曜日に死んだ。
「本当に動転してしまいますわ」アマンダは義理の伯父であるラルワース・クエイン卿にこぼした。「私、とてもたくさんの方々をゴルフと釣りにご招待してしまっているんです。それにシャクナゲも今がちょうど盛りですし」
「ローラはいつも軽率だった」ラルワース卿は言った。「あの子はグッドウッド競馬の週に生まれたんだ、しかもそのとき、家には赤ん坊が大嫌いなとある大使が滞在していた」
「彼女、およそ常軌を逸した考えを抱いていたんですのよ」アマンダは言った。「彼女の家系には、なにか精神異常の気でもあったんじゃありませんこと？」
「精神異常？　いいや、一度も聞いたことはないな。彼女の父親は西ケンジントンに住んではいるが、その他の点ではいたって正気だと思うよ」
「彼女は自分がカワウソに生まれ変わるだろうって考えていたんです」アマンダは言った。
「そういった転生の思想にはしばしばお目にかかることがある、たとえ西洋にあってもね」ラルワース卿は言った。「だからそれらを狂っ

ていると判断することはできないよ。それにローラはこの世に生きていたときにあれだけ不可解な人柄だったのだから、あの子が来世でどんなことをするかについては、明確にこうなるだろうと言いきってしまいたくないな」

「彼女が本当になにかの動物に生まれ変わったかもしれないとお思いになって？」アマンダは尋ねた。彼女は、周囲の人々の見解からかなりたやすく自分の意見をかたち作る、そんな人々の一人だった。

ちょうどそのとき、エグバートが朝食室に入ってきた。死者との別れを悲しむ気配を全身に漂わせていて、ローラの死だけではとうていその理由を説明できそうになかった。

「僕の斑入りのサセックスが四羽、殺されてしまった」彼は叫んだ。「金曜日に品評会に出す予定だった、まさにその四羽だよ。そのうち一羽は外に引きずり出されて、僕がさんざん手間とお金をかけてきた新しいカーネーションの花壇のど真ん中で食われていた。選りに選って一番いい花壇とニワトリが台無しになったんだ。それをやったけだものが、まるでどうやったら短い時間のうちに可能な限りダメージを与えられるか、特別な知識でも持っていたんじゃないかと思えるくらいだよ」

「キツネだと思います？」アマンダは尋ねた。

「それよりイタチのようだな」ラルワース卿が言った。

「いいえ」エグバートが言った。「いたるところに水かきのある足跡が残ってましてね、僕らはその足跡を庭の低地の小川までたどっていったんです。疑いもなく、カワウソですよ」

アマンダはこっそりと素早い視線を向かいのラルワース卿へ送った。

エグバートはあまりに動揺していて、朝食もとらずに、養鶏場の柵の強化工事を監督しに出て行った。

「彼女、少なくともお葬式が終わるまでは待っていてくれてもよかったのにと思いますわ」アマンダは憤慨した声で言った。

「なにしろ、あの子自身の葬式だしな」ラルワース卿は言った。「どの程度、ひとは自分自身の亡骸(なきがら)に対して敬意を払うべきか、これは礼儀作法上の良い論点だね」

翌日、葬儀のしきたりは、いっそう度を越して軽んじられることとなった。一家が葬式に出席して留守の間に、斑入りのサセックス種の生き残りが、皆殺しにされたのである。襲撃者は退却するにあたって芝生にあるほとんどの花壇を踏み荒らしており、あまつさえ庭の低いところにあったイチゴの苗床までが損害をこうむっていた。
「できるだけ早いうちにカワウソ狩りの猟犬をここに呼ぼう」エグバートは荒々しく言った。
「とんでもない！　そんなこと考えないで！」アマンダは叫んだ。「だって、家にお葬式があったばかりなのに、そんなことをするのは良くないわ」
「やむを得ないことだよ」エグバートは言った。「カワウソはいったんああいったことをやり始めると、もうやめないんだ」
「もうニワトリも残っていないんだから、きっとどこかほかの場所へ行ってしまうわよ」アマンダがそれとなく言った。
「君はまるであの獣を守りたいと思ってるみたいだな」エグバートは言った。
「近頃はあの川にはほんの少ししか水が流れていないじゃない」アマンダは反論した。「動物が、どこかに逃げ場を見つけられるチャンスもほとんどない時期に狩りをするなんて、どう見てもスポーツマンらしくないわ」
「こいつは驚いた！」エグバートは気色ばんだ。「僕はスポーツのことなんて考えちゃいないよ。できる限り早く、あの獣が退治されることを願うだけさ」
　次の日曜日、教会に出かけている間に、そのカワウソが家に入り込み、食料貯蔵室から鮭の半身を盗み出して、エグバートの仕事場のペルシャ絨毯の上で、うろこまみれの破片へと噛み散らしていくにおよんで、アマンダの抵抗も勢いを失った。
「近いうちに、やつは僕らのベッドの下に潜んで、僕らの足を噛みちぎることになるぞ」エグバートは言った。そして、この特別なカワウソについてアマンダの知ることからして、彼女はそれもあり得ないことではないと感じたのだった。

狩りの前日の夕暮れどき、アマンダはひとり川岸を歩き、猟犬の吠え声を模したつもりの音をたてながらひと時を過ごした。彼女のそんな芸当をたまたま耳にした人は、おおかた間近に迫った村祭りで、農村風物の物真似でもするつもりで練習しているんだろうと好意的に解釈した。
　その日の狩りの報告を彼女にもたらしたのは、友人で隣人のオーロラ・バレットだった。
「あなた、見に出てこなくて残念だったわね。とっても楽しい一日だったわ。私たち、すぐに見つけたのよ。お宅のお庭を下ってすぐのところの淵で」
「あなたたち ― 殺したの？」アマンダは尋ねた。
「もちろんよ。立派な雌のカワウソだったわ。あなたの旦那さんは尻尾をつかもうとしてかなりひどく噛まれたわ。あの子ねえ、でも私、とっても可哀想だと思った。殺されるとき、目を見たらまるで人間みたいな表情をしていたの。ばかなこと言ってると思うでしょうね、でも、その表情を見て私が誰のことを思い浮かべたか、あなたお分かりかしら？　あらあなた、どうしたの？」
　アマンダが神経衰弱の発作からある程度持ち直すと、エグバートは療養のために彼女をナイル盆地へと連れていった。景色が変わると健康と心のバランスはすぐに望ましい回復へと向かった。食事の変化を求める冒険心旺盛なカワウソのいたずらも、それだけのこととして見られるようになった。アマンダは本来の穏やかな性質を取り戻した。ある晩、彼女がカイロのホテルでのんびり身支度を整えていると、夫の化粧室から、夫の声ではあるがいつもの言葉遣いとはまるで違った、嵐のように悪態を吐きちらす怒鳴り声が聞こえてきた。しかしそれさえもアマンダの平静をかき乱すことはなかった。
「どうしたの？　何が起きたの？」彼女は楽しげに好奇心をあらわして尋ねた。
「小さなけだものが僕のきれいなシャツをみんな風呂に放り込みやがったんだ！　捕まえてやるから待ってろ、このチビの ―」
「どんな小さなけだものですって？」笑いたいのをこらえながらアマ

ンダは尋ねた。エグバートの言葉は、彼の憤激を言い表すには救いようもなく拙(つたな)かった。
「裸の茶色い、ヌビア人の小僧のけだものだよ」エグバートはつばを飛ばして言った。
　そして今や、アマンダは重病に陥った。

訳者紹介

田中 秀幸（たなか　ひでゆき）

　1968年、横浜市生まれ。早稲田大学第一文学部人文専修卒業。東洋大学付属図書館で洋書目録業務に六年間携わった後独立、編集者として海外小説等の出版に従事。2007年、第43回日本翻訳出版文化賞受賞。翻訳書出版や自分の趣味としての英文読書の体験から、勘やセンスに頼らない、客観的な英文解釈法に関心を持ち、高校英文法の延長線上の読解方法を模索している。現在書籍編集者、ヴァイオリン製作家、英語講師。

分析と対訳　開いた窓　サキ短編集

サキ　著
田中秀幸　訳・解説

発　行　２０１５年３月６日　初版１刷

発行所　八月舎

〒113-0021　東京都文京区本駒込2-9-21
Tel, Fax: 03-3947-2221　郵便振替 00130-3-86804
E-mail: webmaster@hachigatsusha.com

落丁・乱丁等ございましたら小社宛お送りください。送料当方負担にてお取り替えいたします。

印刷・製本　　（株）シナノパブリッシングプレス

©Hideyuki Tanaka 2015　　　ISBN 978-4-939058-10-3
Printed in Japan